“これからおカネを生み出す不動産”
実例紹介！

ダークグレーの外壁に、
店舗のエントランスはさりげなくオシャレ!

不動産活用の新しいカタチ
テナント賃貸＆店舗プロデュース

元倉庫を住居兼店舗に・・古さを生かした美容室

元粉物屋の倉庫ビルを1階美容室2階スタッフルーム&居宅にリノベーション。

昭和町美容室
White Room

平成24年7月購入
昭和45年９月築
鉄骨コンクリートブロック造４階建て
香川県高松市

築40年以上の築古ビルが「アトリエリード」2店舗目の美容室と住居に変身しました。

築古の鉄骨ビルが カリスマ美容師のアトリエに

シンプルながらインパクトのある外観。

ソウ リード（sou Lead）

平成25年12月購入　昭和42年3月築
鉄骨３階建て　香川県高松市

—3章より—

不動産活用の新しいカタチ

アパートの1室で開業 夫婦で営む、お茶とごはんのお店

お客様の9割が女性客という人気カフェ。
気持ちの良いテラス席もおすすめ。

定年退職されたご主人と、栄養士の
奥様が経営する可愛らしいカフェ。

まんまカフェ

平成17年6月購入
昭和46年11月築
木造アパート２階建ての１室
香川県高松市

一軒家を改装した、和のスパイスの効いた洋菓子店。ウッドデッキも味を出しています。

一軒家を改装したレトロな洋菓子店

パティシエでなく、菓子職人を自認する店主のこだわりが実現しました。

川東菓子店

平成25年７月購入
昭和60年築
木造戸建て
香川県高松市

—3章より—

不動産活用の新しいカタチ

こじんまりとしたパティスリー、店内はシックでスタイリッシュ。

ガラス戸が特徴的な店構え。店名は、フランス語で「さくらんぼの実る頃」という意味です。

小さくてスタイリッシュなパティスリー

ル タン デ スリーズ
(Le Temps Des Cerises)

平成24年12月購入　昭和54年８月築
RC４階建ての１階西側
香川県高松市

築古マンション丸ごと再生プロジェクト

—3章より—

入居者が好きな色で壁を塗ることができる！

住む・働く・発信するシェア型賃貸マンション

うっちゃんの二拠点生活の場でもある、SOHO向けのリノベマンションは、コミュニティスペース付。壁をポーターズペイントを使って好きな色に塗れるサービスも人気です。

RENOWA-SAGINUMA

平成26年6月購入　昭和47年7月築
RCマンション　3階建て
（1LDK×9室　内1テナント）
神奈川県川崎市

うっちゃん投資家時代

—1章より—

不動産投資は自宅の購入からスタートしました！

#1 新古一戸建て

1650万円／香川県さぬき市

#2 新築マンション

2520万円／香川県高松市

#3 新古マンション

1500万円／香川県高松市

#4 中古マンション

1400万円／香川県高松市

#5 中古マンション

1403万円／香川県高松市

#6 中古一棟マンション

3900万円／香川県高松市

#7 中古一棟アパート

450万円／香川県高松市

#8 中古一棟アパート

4200万円／香川県丸亀市

#9 中古一棟アパート

200万円／香川県高松市

ひだまり不動産での リノベーション

ー2章よりー

住みたい暮らしと不動産投資を合わせたうっちゃん流リノベ投資！

記念すべきはじめてのリノベは築33年の戸建て。

BEFORE

AFTER

MATSUKO

中古一戸建て
築33年
（リノベーション時）
香川県高松市

古びた戸建てが「和モダンハウス」に

古さを活かした町屋風住宅に仕上げました。

BEFORE

AFTER

FUKUKO

中古一戸建て
築33年
（リノベーション時）
香川県高松市

これから“おカネ”を生みだす不動産って？

空家、空きビル、空き団地を活かした
「再生不動産投資術」

ひだまり不動産取締役
兼業大家さん
内海芳美
YOSHIMI UCHIMI

はじめに

みなさまこんにちは、内海芳美です。不動産業界では〝うっちゃん〟という愛称で呼ばれています。このたび、3年ぶりに本を書きおろすことになりました。

本書は難しい不動産投資の専門書ではありません。

四国の主婦うっちゃんが、サラリーマン投資家、大家さん、不動産屋さんを経て、20年以上不動産とお付き合いした結果たどりついた答えをお話しします。

つまり、不動産で「これからおカネを生み出す」シンプルな方法です。

最初に、私のことをご存じない方のために、少し自己紹介させていただきます。

私は、四国で「ひだまり不動産」という不動産屋さんを経営しつつ、神奈川にも事務所を構え、こちらでも不動産案件を抱えています。

そんな私は、元々はどこにでもいる普通の共働きの主婦でした。それが結婚して新古の一戸建てを買って、たまたま貸し出したところから、不動産とのお付き合いがはじまります。子育てしながら働き一生懸命お金を貯めて、無我夢中で不動産を買い進めていきました。

気が付けば、大家歴は23年にもなり、自分でも驚いています。

第1章では、そんなうっちゃん流の不動産投資術を皆さんにお伝えしたいと思います。今でこそたくさんのサラリーマン投資家がいて、主婦投資家も珍しくありませんが、私がはじめて不動産を購入した1986年は、〝不動産投資〟という言葉自体、聞いたことがありませんでした。

そんな中、手さぐりで一歩一歩進んできました。不動産投資は〝投資〟とは言うものの、実際には〝賃貸経営〟です。満室で経営できなくては、高い利回りも意味がないのです。

買って、満室にする・・・これを繰り返し、一番物件が増えた時期は、1800万円近くの家賃収入を得ていました。

その後、ひょんなことから夫婦で地元香川県の高松にて、「ひだまり不動産」をゼロからはじめます。不動産屋さんといっても普通の売買仲介ではありません。

古くて魅力のなくなった家を買い取って、ターゲットを絞ってリノベーションしたものを、見てもらって納得して、購入いただくというお仕事です。

ただ不動産を再生させるのではなくて、リノベーションで欲しかった暮らしが見つけるためのお手伝いをしています。

さらに〝リノベ塾〟という大家さん向けの集まりを主宰していきました。

第2章では、そんな「ひだまり不動産」のリノベーションノウハウを中心に、不動産を通じて出会った仲間たちとの事業もご紹介していきます。

そして、第3章では「ひだまり不動産」の今現在を語ります。全国的に空室率が拡大している昨今、不動産をただ貸してお金を儲ける時代は、すでに終わっています。

私は、不動産ビジネスのこれからの可能性を模索した結果、5年前から香川県の高松市でテナントのリノベーションを通じて、ショップの開業プロデュースをはじめています。

よく、「店舗物件は難しいからやめておけ!」とよく言われますが、それは先入観です。経営で大事なことは、物件の目利きと集客、そして徹底的なデザイン、さらにブランディングです。これらをトータルでじっくり、じっくりと考えます。

その結果、私の手掛けた店舗はすべて繁盛店となり、やっていくうちに自分の中でノウハウが確立されていきました。

現在、不動産ビジネスとしては、関東の賃貸マンション再生、高松のゴースト団地再生&分譲・・・とさらに様々な取り組みを同時に行っています。

私の不動産投資は、1戸ずつ増やしていくことではじめましたが、今もそれは変わりません。急激な拡大ではなく、一歩ずつ着実に進めていきます。

丁寧な仕事をすること。入居者に喜んでもらえて、みんなが繁盛していくことが大事だと考えています。そこに人の縁が生まれて、"おカネ"も生まれるのです。

こうやって、不動産を通じた事業の可能性をお伝えできたらええなと考えています。

内海芳美

目次

1章 うっちゃんの満室経営術 ～投資家うっちゃん時代～

2章 うっちゃん流リノベ投資
～ひだまり不動産起業から、リノベ塾へ～

うっちゃん流 リノベーション投資塾

3章 これからの不動産事業はこれ！
みんながうれしい物件再生事業・店舗開業プロデュース

1章

うっちゃんの満室経営術

～投資家うっちゃん時代～

1章は、無我夢中で物件を増やしていったうっちゃんの投資家時代です。

私がはじめて不動産を買ったのは26歳のことです。

気が付くと28年の月日が経ちました。長いようで短いあっという間の時間です。

当時はまだ不動産投資という言葉も定着していなかった時代です。今でこそ、様々な物件を不動産業者として手掛けていますが、最初は共働きの主婦。

私の不動産投資は、住んでいたマイホームを貸し出す〝やどかり投資〟からスタートしました。

当時は投資という意識がなく、単純に資産を増やすイメージでした。

漠然と「家賃収入ってありがたいな」と思っていた当初から、高利回り物件を取得するまでの紆余曲折です。

「不動産投資」を知らずに、不動産投資をスタート

私は3人兄弟の末っ子として生まれました。成績は一番良くなかったのですが、経済観念だけは一番発達していて、小学校低学年から積立預金をはじめて、高校時代は勉強よりもアルバイトに一生懸命、なんと高校を卒業するころには100万円（！）の貯金がありました。

その後、OLとして地元の貿易会社に7年勤めて、26歳で今の主人と出会い寿退社しました。

結婚するときの貯蓄額は1000万円以上もあり、主人にはびっくりされました。「お金はとても大切、ちゃんと貯金しときなさい」と言ってくれた母の影響が大きかったです。

両親の考え方や生き方は子供の人生を左右しますね。おかあちゃんありがとうね！

そして、結婚をきっかけに独身時代の貯金を使って、思いきってマイホームを現金購入しました。

①さぬき市の戸建て住宅

時期　1986年10月／種別　新古一戸建て／価格　1650万円（自己資金）／
備考　売却済

私がはじめて購入した物件は、香川県さぬき市で1986年に購入したマイホームです。新築ではなく、築3年くらいの新古住宅です。

買ったときは「一生に一度の大きな買い物」という意識で、まさかその後、賃貸に出すとは夢にも思っていませんでした。

私はこの家で2人の娘を産み育てます。しばらくは専業主婦をしていたのですが、子供の成長だけが唯一の楽しみという生活に、漠然とした不安を抱くようになりました。なんとか社会とつながりを持ちたいと思っていたタイミング、1992年の秋に友人から再就職の誘いがありました。

ところが職場はマイホームから車で40分もかかる場所にあります。まだ小さな子供たちを抱えての長距離通勤は難しいと考えて、職場の近くにマンションを購入することなりました。

結局、この家には5年間住んで賃貸へ出したことになります。

売るという選択肢もあったのですが、一生懸命貯めたお金で買った家です。子供たちの思い出もたくさんありましたから、売却する気持ちにはなれなくて、貸し出すことにしました。

年間の家賃収入は96万円。この家を手放すまで、23年間で2000万円以上の家賃収入を生み出してくれました。

入居者は3代くらい変わっていますが、ほとんど修繕費はかかっていません。この家は2014年に、住んでもらっていた人へほぼ土地値で売却しています。

体調に少し不安があり、住宅ローンが組みにくかったのですが、私のお付き合いをしている信用金庫を紹介することで購入に至りすごく喜んでもらえました。

家賃はバブル期のまま23年間、値下げ交渉もされず、ずっと8万円でした。

この戸建ては、住まいの提供の役割を見事に果たしてくれました。

②高松市の新築マンション

時期　1992年11月／種別　新築マンション（3LDK）／価格　2520万円（自己資金＋ローン）／備考　売却済

物件2号は、職場に通いやすいという理由で、マイホームとして購入したマンションです。

その当時もまだ不動産投資という言葉は知りません。

新築で購入価格は2520万円です。さすがに貯金で一括現金購入というわけにはいかず、頭金760万円で、残りの1760万円を銀行で借り入れることにしました。

今でこそ、住宅ローンは低金利ですが当時は金利も高い時代、しかも「ゆとり返済30年ローン」という金利4．2％の高金利の住宅ローンを組んでしまいました。

今なら絶対にこんなローンは組みませんし、割高な新築マンションを購入もしないですが、無知ほど恐いことはありませんね。

もともと節約は大好きで借金は大嫌いな私です。毎月のローン返済は心配のタネだったのですが、1戸目戸建てから月8万円の家賃収入があることで、月々の支払いもさほど心配しなくても良かったのです。

結局のところ私は、1年100万円の家賃に手をつけることなく、共働きで稼いだお金をせっせと貯めて、30年の住宅ローンを6年で返してしまいました。

とにかく早くローンを返し、次の家を増やそうと思いました。

漠然とですが、自分の家がお金を産む仕組みに気が付いたのです。

家をもっと増やせば、もっと収益が増える・・・そう考えました。

③高松市の新古マンション

時期　1998年10月／種別　新古マンション（3LDK）／価格　1500万円（フルローン）／備考　売却済

3号物件は、新古マンションです。この時点では、「引っ越してこれまで住んでいる家を貸せば家賃が入る」と、明確に考えていました。

まだ不動産投資という言葉は知りませんでしたが、やっていることは不動産投資です。

　このように次々と引っ越しては、マイホームを貸し出していくやり方は〝やどかり投資〟と呼ばれています。後に大御所の不動産投資家である沢孝史※さんに、「うっちゃんは、まるで、やどかりのようだね」といわれて、「へー、面白い言い方をするな」と感心したのを覚えています。

　こうしてフルローンで購入したマンションは2年間住んだ後に、引っ越して賃貸に出しました。

※沢孝史さん
元祖サラリーマン投資家で、処女作『「お宝不動産」で金持ちになる！サラリーマンでもできる不動産投資入門』（筑摩書房）で一躍有名に。現在では、新築RCマンション投資の一人者でもある。

④高松市の中古マンション

時期　2000年7月／種別　中古マンション（3LDK）／価格　1400万円（フルローン）／備考　賃貸中

　新古マンションを賃貸に出して、新しく中古マンションを購入しました。

ここは本当にマイホームとして購入して、これまでで一番長く7年住みました。現在は賃貸で貸しています。

その後、自宅はリノベーションした3階建RC戸建てに6年住み、現在は自社が所有している一棟マンションの一室をリノベーションして賃貸併用住宅として住んでいます。

こうなると、引越しは職業柄仕事兼趣味かもしれません。

まとめ

マイホームは一生に一度の買い物・・・ではない!

自分の住んでいる家を貸して、また買っては貸してと、やどかりのように我が家を移動させて、その都度、貸し出していく〝やどかり投資法〟で、物件をコツコツ増やしていくことが可能。

住宅ローンはアパートローンに比べて、審査基準が緩いため、はじめて購入するサラリーマンでも購入するのはそれなりに簡単。

ポイントは住宅ローン、固定資産税、マンションであれば管理費、修繕積立費を足して、月々の支出よりも高く賃貸に出せること。

いざとなればマイホームとして売りに出せるので、出口戦略がとりやすいのもメリット。

うっちゃん、「収益」に目覚める！

収益性について考えたのは、5号物件からです。2001年に初めての競売にチャレンジしました。

競売物件のことは知っていて、なんとなく興味がありました。裁判所にある3点セット（物件の詳細資料）から、人の人生の裏側を覗くみたいなことが好きでした。

そのころは裁判所まで行かないと競売物件資料が見られなかったので、1年くらいかけて探していました。

⑤高松市の競売マンション

時期　2001年1月／種別　中古マンション（4LDK）／価格　1403万円（フルローン）／備考　競売で購入、売却済

そんなとき、住んでいたマンションの1室が競売に出されたのです。その部屋もと

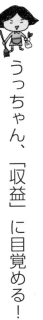

もと4000円以上で販売されていました。
「半値以下の1400万円で購入できる！」

今から考えれば4000万円という、元の値付け自体が高すぎるのですが、110㎡の広さのある4LDKで、他の物件と差別化できると思い入札しました。

最低売却価格は1290万円。最初の下調べと入札価格については、取引のある不動産業者さんに相談しましたが、落札後は全部自分で行いました。

その物件には人が住んでいまして、退去してもらう交渉も自分で行いました。

当時の私には競売のノウハウなんてありませんから、体当たりです。

とはいえ、自分が住んでいるマンションという強味を活かして、顔見知りの管理人さんからどんな人が住んでいるのか情報収集を行いました。

リサーチの結果、賃貸に出していて、今いる入居者は相場より安い家賃で入居していることがわかりましたが、問題なく退去してもらえそうな入居者だと判断したので購入を決めました。

落札後に賃料改定のお願いを行った結果、所有権移転の前日に退去されました。幸いとくに揉めることはありませんでしたが、振り返るとラッキーだったと思います。

その後、残金決済の前に家賃12万円で次の入居が決まりました。その前の方が9万円でしたから3万円の値上げです！

もちろん貸すために買っていましたが、この時点でもまだ不動産投資という意識はありませんでした。

ただ、「家賃で自分の給料くらいの収益を生んでくれたら嬉しいな」という感覚です。

当時の私は子ども2人を保育園に預けて、フルタイムで働いていました。

まだまだ子どもが小さく、生活にも仕事にも手一杯でしたが、不動産投資もすごく楽しく充実した毎日を送っていました。

あるとき、不動産の考えごとをしていて、子どもたちのお迎えを忘れてしまい、そのまま家に帰ってしまったのです。保育園から連絡が来て大慌て。「私はなんてダメな母親だろう・・・」と落ち込みました。

そのときほど、自分が不動産のことばかり考えているんだなと実感したことはありません。もちろん、反省しています・・・。

その後、はじめて1棟物件を購入します。

⑥高松市の1棟マンション

時期　2001年10月／種別　中古1棟マンション（3DK×5、2DK×1）／価格　3900万円（フルローン）／備考　所有中

1棟物件にシフトした理由は、当時の自宅の近所にあった4階建て一棟マンションに惚れたから。タイルの貼り方が乾式で、それがすごくカッコよかったのです。

ちなみにタイルを貼るには、乾式と湿式があり、乾式はモルタルを使って壁に貼るやり方で、旧来からある工法です。

乾式は、タイルを引っ掛け工法、接着剤張り工法などで貼ります。湿式に比べてコストはかかりますが、高級感や質感があります。

塗り替えやシーリングの打ち替えなどのメンテナンスがいらず、湿式に比べ壁面重量が軽く剥がれにくいのが特徴です。

とにかくカッコよくて「これが手に入ったら素晴らしいな！」と数年前から片思いでした（笑）。

毎日このマンションの前を通る道すがら、見上げては恋焦がれていたのです。でも

一棟のマンションなんて、私に買えるわけがない・・・。

それがある日、4100万円で売りに出されたのです。

この金額なら私でも手が届くかもしれません。さっそく銀行に行って相談をしたところ、「融資しますよ！」とフルローンで快諾を得られました。これはもちろん、主人の属性のおかげです。

はじめての一棟マンションということもあり、夫婦2人でよくよく相談して買うことに決めました。このマンションを買うときが今までの一番大きい決断でした。

「夫婦ってすごいな！」と思うのは、お互い何の助けにもならないのだけれど、2人いると「じゃ、買っちゃう？」みたいな方向に進展していくのです（笑）。

金額が3900万円に下がり、家賃収入は月額37万円で表面利回りが11％です。ここにきてようやく不動産投資という意識が芽生えました。

購入時は6部屋中5室が入居済でしたが、じつは又貸しがあったり、あとから家賃滞納や夜逃げなど問題が勃発しました。こうしたトラブルは戸建て賃貸や区分マンションでは経験していませんでした。この物件で「入居者の審査をしっかりしなくてはいけない」ということを学びました。

⑦高松市の1棟アパート、

時期　2004年11月／種別　中古1棟アパート（2K×4、1DK×3）／価格　450万円（自己資金）／備考　売却済

当時すでに築40年のオンボロアパートで、金額はなんと450万円！　利回りは53%です

たまたまコンビニに置いてあった不動産情報誌で見つけて、現地に行ってみたところ、5年前に内装外装ともに1000万円かけてリフォームしてあり、ほとんど手直しをしなくても利用できる状態でした。

当初は880万円で売り出されていたそうですが、再建築不可で全室空室ということもあり、売れ残っていたようです。再建築不可とは、その名の通り、2mの接道義務を満たしていないなど、何らかの事情があって、再建築ができない建物です。

再建築不可にしては高いなと思いお断りしたのですが、3ヶ月後に値下げするという連絡がありました。

そこで450万円に指値（値下げ交渉）したところ、OKをいただきました。指値

も教えてもらったわけではなく「これくらいになりませんか？」と交渉して希望する金額が通ったのです。

それまで不動産へ投資するといえば、地主さんが節税対策でアパートを建てるくらい。彼らは不動産業者の言いなりになっている人も多いと聞きます。

もしかして、地主さん以外に投資家もいたのかもしれませんが、情報を共有する場がなかったので知る由もなかったのです。とりわけ、こんなヘンな物件を買う人はいませんでした（笑）。

しかし、さらに土地をよく調べると、再建築不可ではなく条件付きで建築可能ということです。おかげで安くて良い買い物ができました。

空室については、不動産業者さんから、路上生活者を保護するボランティア団体を紹介してもらい、生活保護者に入居いただくことになりました。支払いはこの団体が行うということで、購入から1ヶ月半で全空から一気に満室です。

もともと路上生活者を手助けして社会復帰させるのが目的でしたが、2年ほど経過すると、入居者の皆さんは見事に自立して、私のアパートから巣立っていきました。喜ばしいことですが、またまた空室です。さて次はどうしようと悩んだ末、今度は学生さんだけを入れることに決めます。

このアパートは地元の大学から徒歩5分にあります。最初に入居した学生さんが、お部屋探しをしていた友だちを誘ってくれました。

それで「また友だちを呼んできてくれたら、家賃2ヶ月分を無料にしてあげますよ！」そんな条件を出してお願いしたのです。すると友だちの輪が増えて、あっという間に満室になりました。

このアパートは投資額が回収できたところで売りに出しています。売却額は買ったときのほぼ4倍で売却できました。

売却価格は業者さんに相談して「これくらいなら売れるでしょう」というアドバイスを受けて決めました。そのお金は後に会社を設立する元手になりました。

⑧丸亀市の中古2棟アパート

時期　2005年3月／種別　中古1棟アパート（2DK×14）／価格　4200万円（自己資金＋ローン）／備考　売却済

8号物件は翌年、主人が単身赴任をしている間に買った物件です。主人に契約の判

子を押してもらいに東京から帰ってきてもらいました（笑）。

２８０坪という広い敷地に2棟のアパートが建っています。投資仲間が購入する予定でしたが、融資がむつかしく、私の元に情報がやってきました。

表面利回りは16％あります。この物件が欲しくなった理由は、そのとき主人が単身赴任をしていたからだと思います。

この1棟を買うことにより、主人１人分の稼ぐキャッシュフローが出たのです。主人が離れて暮らしている代わりにアパートがあれば・・・女心でしょうか（笑）。

ここでの試みは日本政策金融公庫（当時は国民生活金融公庫）で、はじめて融資を受けたことです。

公庫は今でこそ、サラリーマン大家さんでも融資をしてくれる金融機関として有名ですが、当時は自己資金で所有権を移転してから融資実行する流れでした。

つまり、一旦は自己資金で決済しなければなりません。そのため、両親から10日間だけ不足分を借りて所有権を移転しました。

この物件も投資額を回収した後、２０１４年に売却、資産の組み換えをしましたが、我ながら上手に運用できたと自負しています。

ところでアパートがあった丸亀市は、自宅の高松市から1時間も離れています。遠隔地なので、昔ながらの不動産業者頼みでした。

なかなか意思疎通がとれず、かなりストレスを抱えたものです。それと、広い敷地はアスファルト塗装にしていますが年に数回の草抜きが大変でした。

この物件を購入した年の12月に、長年勤めた会社を退職して、専業大家さんになりました！

退職を決めたときは、のんびり専業大家をやるつもりでしたが、夫の勤める会社の先行きが怪しくなりはじめ「物件を増やしていこう」と方向転換します。

⑨高松市の中古一棟アパート

時期　2006年3月／種別　中古1棟アパート（4室）／価格　200万円（自己資金）／備考　売却済

9番目は4室で200万円のアパートです。これは新聞広告で見つけました。
そのころはネットで探すことができず、情報を得るには不動産屋を歩いてまわるか、新聞か地元の宅建業界が発刊しているフリーペーパーを物色して、売り物件を探して

いました。

「〇〇町売住宅200万円」という文字を見た瞬間、「これは！」と思い、すぐに住所を調べました。繁華街の真ん中で好立地にあります。

さっそく現地へ行ってみると、予想外のおんぼろさに絶句しました。風呂なし、共同トイレ、共同洗面所の築50年超えの再建築不可アパートです。

再建築不可とはその名の通り、再建築ができません。普段なら買わないのですが、とにかく安いので購入して、夫婦二人で1ヶ月かけてセルフリフォームを行いました。外壁塗装と電気配線だけを外注して、それ以外のクロスの張替えや畳からフローリングの張替え工事、キッチン交換などは自分たちです。

まわりからは「絶対に無理」と言われていましたが、なんとかなるものです。このアパートは風呂なしで家賃は2万5000円で募集して、1ヶ月くらいで満室となりました。その後、2年程度運営して購入額の200万円を回収すると売却しました。

この経験を通して、見捨てられたようなアパートも「工夫次第で収益を得られる」ということを学びました。小さな金額でこの経験ができたことは後になってとても役に立つことになります。

こうしてマイホームを貸し出すところからはじまった不動産投資は、アパートの売買するところまで成長しました。

高利回りの物件は、売却を見据えて買ったわけではありませんが、投資額を回収したタイミングで売却しています。

今では短期譲渡税や長期譲渡※の知識もありますが、当時はよく理解していませんでした。

自宅だったマンションや利回り53%の7号物件アパートは5年以上所有、最建築不可アパート物件は短期売却です。税率が高いため、利益はせいぜい200万円といったところ。売却益が何千万円とあるわけではありません。

しかし、私はこれまで取得してきた物件で損を出していません。それは小さな戸建から大きなマンションまでの運営から多くの経験を経て、全てがノウハウになっているのだと思います。

また私の利回り計算は電卓だけでしています。単純利回り（年間賃料÷物件価格）を計算して、あとは何となく勘です（笑）。

※短期譲渡税・長期譲渡税
　個人の不動産の売却益にかかる税金。5年以内は短期譲渡で税率は39%となり、長期譲渡は20%となる。

まとめ

一棟マンション、アパートで高利回りを得るには、やはり安く買うこと！　情報はインターネットだけでなく、情報誌や新聞、地元の業者さん、とにかくあらゆるところから得る。
また物件情報がきたら、すばやく動いて、しっかり調査。行ってみてはじめてわかることは多く、マイナスポイントがあれば、それを根拠にして指値交渉ができる。築古の物件は売れるタイミングで売却するのも投資を拡大させるポイント。

情報発信して、投資仲間をつくる！

私は個人投資家時代、ブログを書いてきました。インターネットがはじまった翌年くらい、一般の人が閲覧できるようになった２０００年頃からだったと思います。

当時は今のように無料ブログサービスもなくて、不動産投資といういわばマニアックなテーマでブログを書いている人も少数でした。投資家けーちゃん、山田里志さん、束田光陽さんなど、今では先駆者と呼ばれる方々ばかりです。

私はブログを通じて投資家仲間をつくりました。インターネット上でやりとりするだけでは飽き足らず、2005年当初にはメンバー9人が集結し、熱海の温泉で交流会も行いました。あれがはじめての不動産投資オフ会でした。

私がブログで呼びかけたら集まって来てくれたのです。その中に、今ではカリスマ大家となったコテツさん、ちはさん、なでしこさんなど何人かいました。皆さん、会ったこともない私の元へやって来てくださり、勇気があると思います（笑）。

でも、私を含めサラリーマン投資家さんたちは、頼るべきものがなかったのです。インターネットを通じて情報を発信すると同時に情報を得ていました。今では当たり前のことですが、すごく貴重な経験でした。

ブログがだんだん人気になってきて、今度は「セミナーで講師をやりませんか？」「雑誌の取材を受けませんか？」と声をかけてもらいました。

そうこうするうちに「今度、本を出すので参加しません？」とお誘いを受けて、一冊目の本『家賃収入が月収を超える！　不動産投資「利回り20％超」大作戦』（ソフトバンククリエイティブ）を共同執筆させていただくことになりました。

また『ザ！　情報ツウ』というテレビ番組からも取材され、そのときは会社の制服を着たまま出演しています（笑）。

まとめ

私がはじめた頃よりも今はもっともっと情報発信をするのは簡単！
情報を出していくことによって、人とのご縁がつながって広がっていく。
そんな中で自分に合った投資手法を見つけるのが成功への一番の近道かも。

うっちゃんの不動産投資テクニック

ここからは体験談ではなくて、うっちゃん流の不動産投資テクニックです。今のようにサラリーマン不動産投資家が一般的ではない時代からはじめている私ですが、地方都市の不動産投資といえば、今も昔もさほど変わりません。

とくに「みんなが見向きもしない物件を購入する」というのは、10年以上経った今でも、まったく変わりません（笑）。

とはいえ「えー、そこまで無理！」というようなハードルが高いノウハウではなくて、初心者の方でも参考になるようなノウハウをご紹介しますので、ご安心くださいね。

私が個人で行っていた不動産投資は次の2種類です。それぞれ順番にその特徴からメリット・デメリットを解説します。

1 やどかり投資

私が初期のころにしていた投資手法です。マイホームとして購入した家を貸し出します。私の場合は結婚と同時に、キャッシュで購入した戸建てが記念すべき、やどかり一号です。

次に購入したマイホームは、新築マンションです。35年ローンを組みましたが、繰上げ返済を頑張った結果、6年で完済しました。そうして次に購入したマンションも2年住んで賃貸に出して、また新しいマンションを購入しました。

このようにマイホームとして購入した物件のローンがなくなったところで、次の物件を探して、前の物件を賃貸に出すという手法で、4戸の大家さんとなりました。

当時は不動産投資の意識はありませんでしたから、振り返ると投資としては失敗です。2戸目のマンションは表面利回りが3・8%ですから、ありえないくらいの低い数字です。

そもそも、戸建てはともかく、新築マンションを購入しているのが大失敗です。

新築というのは、誰も住んでいない新しい家だからこそ、価値が高いものです。

一度住んで貸し出す「ヤドカリ投資」でいえば、私たち家族が住んだ時点で中古です。それならば、最初から中古を選んだ方が、よっぽど安く購入できます。

利回りや収益性を高めるのであれば、購入金額は安ければ安いほどいいものです。下落の激しい売買価格と違って、家賃はそこまで急激には下がらないため、買うなら絶対に中古物件がおすすめです。


また、私が「やどかり投資」で購入した物件は1戸目のみ戸建てで、その他すべて区分所有マンションです。

共有部のない戸建てであれば、表面利回りと実利回り（経費を引いた実際の利回り）の差はさほどありませんが、区分所有マンションは、管理費、修繕積立費といった月々の費用がかかります。

つまり、区分所有マンションは入居者がいなくても月々の経費がかかるということです。

くわえて、管理費、修繕積立費というものは物件の規模やエレベーターの有無によっても変わってきますが、高いところでは月々数万円にもなり、実利回りを下げてしまうのです。

そのため、「やどかり投資」をするのであれば、よっぽど安く購入できる場合を除いて、月々の経費がない戸建ての方が向いているかもしれません。


メリットといえば、融資が借りやすいことです。投資用物件の場合、不動産投資用の融資をなかなか簡単に受けることはできません。

それがマイホーム取得のための住宅ローンとなれば、比較的に簡単にしかも多額の融資を受けることができます。

また、原則として住宅ローンとして融資を引いたケースでは、ローンを返し終わるまでは引っ越して貸し出すことはできません。

私の場合は、キャッシュで購入をしたり、住宅ローンの繰り上げ返済を行っていることから、多くの利子の支払いをカットすることができました。そして、支払いが終われば貸すのも自由です。

これが、住宅ローンがたっぷり残っている状態で貸し出せば、銀行から一括返済を求められる可能性もあります。

むしろ定期的に転勤があるというような不可抗力に近い事情あれば、転勤での引っ越しはOKとなります。この辺の見解は銀行によっても変わる部分です。

対してデメリットは、投資のスピードが遅いというところです。なにしろ自宅ですから、毎月住み替えるというわけにはいきません。

私のケースでは最短でも2年間でした。

住宅ローンを返していくことを考えると、10年単位になってしまうこともあります。そのことから融資を使いながら、スピードを持って投資を進めたい人には不向きです。

ボロ物件を融資ではなくてキャッシュで購入してリノベしながら住んで、住み替えるというのであれば、そこまでスピードが遅くなりませんが、現金投資で自己資金を使いきってしまうと、次に進みにくくなるものです。

② 高利回り中古アパート投資

今でも王道ともいえるのは、地方にある高利回りの中古アパートを購入することです。その名の通り、利回りの高い中古物件を購入します。

なかには、購入後に何もしなくても貸し出せる物件もありますが、その多くは「建物がボロイ」「全部空室」といった難がある物件を安く買って、きちんと再生して高利回りに仕上げて賃貸に出します。

建物の状態は、その物件によっても変わるものですが、これまで私が購入したケースは、全空の状態からすべて埋めることを目標にしています。

リノベーションについては、2章で詳しく説明していますので、ここでは概要だけ。私は自分自身でセルフリノベも行ったこともありますが、今はプロにおまかせした方が良いと考えています。やっぱり「餅は餅屋」です。

中には手先が器用でＤＩＹが趣味という投資家さんもいます。そういう人は良いでしょうが、やはりプロの仕事は仕上がりが違います。

投資家時代にはわからなかったことですが、後に私自身が不動産業者になって実感したことです。

物件の購入はとにかく安さを優先しますが、工事業者を選ぶのは値段ではなくて、人柄や感性が合うことを重視します。

というのも、物件を修繕したり、リノベーションしていくにおいて、たくさん決めること、投資家として決断しなくてはいけないことがあります。

工事をどこまでやるのか、床材ひとつとっても種類はいろいろあり、どのように選んでいくのか。どこまでまかせて、どこまで自分の意見を入れるのかというのも大事なポイントです。

そうした中で、業者さんとスムーズに意思疎通できるのかというのは、かなりウエイトを占めます。

ここがうまくいかないと仕上がりも不満ですし、何よりストレスです。

今では、恵まれたことに、信頼できる業者さんとだけお仕事をできる環境にいますが、私もはじめのうちは手探りでした。

おすすめの業者さんの見つけ方は、先輩投資家から業者さんを紹介してもらうことです。

そして、会って話してみて信頼できそうなら、一度仕事を発注します。その仕事ぶりが良ければ次からも依頼するという形です。

その際には、値段だけにこだわらないことにします。工事に関していえば、「一番安いところがいい」ということは少なく、安かろう悪かろうといったケースも多いため、適正価格をしっかり支払う方が良いと考えています。

また、中古物件はこだわれば、いくらでも工事することができるので、あらかじめ「いくらまで」と予算を決めることも大事です。

そのため、物件の価格、工事費用、物件購入のための諸費用すべて合わせて、取得価格と考えます。

私の場合は、物件価格よりも高くリフォーム費用をかけることもよくあります。それも、トータルで予算立てしているからです。

この視点は、リノベ物件を多く手掛けるようになって生まれたものですが、採算の合う数字を考えることによって、自分の物件購入基準がはっきりと決まります。

まとめ

融資が受けやすいので、自己資金の少ない人でもチャレンジできるのが「ヤドカリ投資」。引越しが必ずある転勤族にもおすすめ！

今ではすっかりポピュラーとなった「高利回り中古アパート投資」は、「誰も見向きしない物件」を安く買うのがコツ。自分自身の手で、高利回り物件をつくりだそう！

③ お買い得物件を探すには?

今でこそインターネットであらゆる情報が入手できますが、物件情報だけはインターネットでは集めきれないと感じています。

私が不動産投資をはじめたのは、それこそ、インターネットが出はじめた頃でした。情報を集めるためには、不動産業者からの情報、新聞、雑誌に掲載されているものなど、なるべくすべての情報をチェックして、物件をできる限り見に行くようにしていました。

そもそも住んでいるのが、四国の高松なので、対象となる物件自体が少なくて、すべてを見たとしても、さほど時間や労力がかからないというのもあります。

基本的な部分では今でも変わりません。

なぜわざわざ見に行くかというと、物件情報が来たときは、価格が折り合わなくても、その後、値下がりして急に利回りが高くなることもあるからです。

情報を集めるときは、アパート、マンションといった投資用物件だけでなくて、「売り土地」として出ている情報を集めることもポイントです。

売り土地になっているものの、建物がまだ建っているケースがけっこうあります。そういう場合、「古家付」などと記載されます。

建物の価値はゼロで、土地の価格で売り出されているという意味です。法定耐用年数といって、法律で決められた耐用年数があり、それを超えていると、建物の価値がないという風に見られます。

実際には築20年であれば、建物はまだまだ使えます。

私の所有物件には築30年や40年といったものもありますが、リノベーションすれば充分使えるのです。こういった古家は「やどかり投資」に向いています。

なお不動産業者から良い物件情報を早く得るためには、何が必要かといえば、「本気で買いたい客」だと不動産業者に認識してもらうことです。

そのためには、自分の投資基準をしっかり決めて、はっきりと伝えることです。

物件を見た時にも、その物件のどこが気に入らなかったのか、理由を示して、「こういう物件で、この値段ならすぐ買います」と、買付したい点もアピールします。

とはいえ、川上情報にこだわらないことも大切だと思います。自分だけに特別な情報がやってくる・・・というのは、なかなかありません。

そこのステージに行くためには、よっぽどたくさんの売買取引をしていなければいけないということを、私自身が不動産業者になって知りました。

むしろ、「今の自分に買えそうな物件の中からいいものを選び、いかにそれを料理していくか」という発想に切り替えた方が、良いのではないでしょうか。


選定のコツは、なにより立地です。便利な設備や内装は後でいくらでも変えられるので、入居者に好まれる立地、需要のある立地であることを重視します。

地方では、「求められる駐車場の台数が2台」ということも重要かもしれません。

高松であれば、人気のある小学校の学区は、価格を間違えなければ必ず売れます。

そういう場所で物件が出たら、土地値と利益と工事費を逆算して買付をいれます。

そうすることで、どんなにボロ物件を購入したとしても、最終的な出口が確保できます（この場合は土地として売却するということです）。

もちろん、そう簡単に指値は通りません。しかし、採算に合わなければ、仕方ないので気にしません。ひとつの物件に固執しすぎないのも大事だと思います。

まとめ

良い物件情報を得るためには、インターネットだけでなく、あらゆるところから情報収集を行う。また、足を使って現地へ行く。購入基準をしっかり決めて、不動産業者に「本気で買える客」であることをアピールする。

大事なのは入居需要や売却のできる立地選び。妥協せずに買付を入れること。

4 うっちゃん流満室術

物件を購入したら、入居者探しです。

空室を埋めることについては、新築物件でない限り、かなりの工夫が必要です。というのも現在、賃貸物件は余っています。

これは人口の少ない地方の方が深刻です。私の不動産投資家時代にも、家賃相場は1万円以上、下落しました。

私自身は満室経営していますが、まわりの物件を見渡せば、満室の方が珍しく、中には何年も空室が続いているような物件もあります。

今、私の行っているリノベ投資のスタイルでは、オンリーワンの物件にすることで、入居者から選んでもらうというやり方をしていますが、このお話は2章で。ここでは、もっと基本的なことをお伝えしたいと思います。

基本的にサラリーマン投資家は管理会社まかせとなります。自分で客付の仲介業者さんにお願いするケースもあるでしょう。

どうせ貸すなら、安心できる方に末永く入居いただきたいのは本音です。とはいえ、厳しい条件をつけるのは、今の時代にはそぐわないものです。そのため、良い入居者をあっせんしてくれる、信頼できる業者を探すことが大事です。

管理会社におまかせした場合は、家賃の5%程度の管理委託料で、集金管理からクレーム処理、リフォーム手配、入居募集まですべてお願いできます。

逆に自分でやりたいと思えば、自主管理ということにして、入居募集のみを仲介業者にお願いします。

これは、複数社に頼むのか、それとも1社だけに頼むのかという選択肢があります。大きな街であれば、たくさんの業者に頼んでもいいですし、「その地域ならこの会社」といった、地域一番の会社にお願いすることもできます。

その場合は、入居募集以外のことは自分でやらなくてはいけないので、サラリーマン投資家は大変かもしれません。

私自身、投資家時代は自主管理で行ってきました。

入居募集でいえば、ボロ物件を埋めるために、生活保護者のボランティア団体にアプローチしたり、学生さん向けの物件で、「入居者を紹介してくれたら家賃2ヶ月無料！」といったクチコミ特典を設定したりと工夫しました。

当時はまだインターネットでの部屋探しが常識ではない時代でしたが、今はむしろSNSが発達しているので、こういったクチコミ的な手法が、よりやりやすくなっているのではないかと感じます。

また、入居者さんへ長く住んでいただくための努力も大切だと考えます。

私が徹底して行っているのは、物件をキレイにすること。リノベーション工事とは違って、私1人でもできることです。

はじめて一棟マンションを取得したとき、憧れの物件を買うことができて、すごくうれしかったのですが、よくよくみると薄汚れた荒んだ印象でした。

この物件は築10年にも関わらず、手入れが悪く全体的にホコリっぽく、駐車場には空き缶やたばこの吸い殻が捨てられていました。

また、物件の隣にいちょうの木が植えられていて、落ち葉が舞い込むのもよくありません。

そこで私は敷地内を大掃除しました。はじめて掃除をしたときには、3時間で大きなゴミ袋10袋分のゴミが集まりました。

そして、敷地内に大きなモミの木を植えて、プランター15個並べてチューリップを育てています。こうして薄汚れた物件のイメージは一掃されました。

敷地内の大掃除は季節ごとの年に4回、今でもしていますし、チューリップは毎年春にキレイに咲き乱れます。

これは私の自宅が近くにあったことも理由ですが、お金をかけずに手間をかけることで、入居者の皆さんに喜んでいただいている例です。

その他でいうと、学生さん向けにカップラーメンのプレゼントをしたこともあります。これは完全に母心です（笑）。

親の気持ちになって、喜ばれるものは何だろうと考えて、プレゼントというか、ちょっとした差し入れの気持ちでラーメンをあげたところ、とても喜ばれました。ここで学んだのは、お金ではなく気持ちです。

こうして入居率は、常に100％になるよう努力してきました。この時代、私がやっていた地方で、こんなことをやっている人は一人もいません。たぶん。

当時は勉強する本もなく、掘り出し物件が出るごとに「どうしようかな？」と悩み、購入した後は、「よし、絶対に元をとってやるぞ！」と知恵を絞ってきたことが肥やしになっています。

入居付け、テナントリテンション（入居者保持、解約の抑止）のアイディアもすべて自分で考えました。

つい最近の事例では、関東に所有するマンションで、入居者さんを集めて「ざるうどんの会」を開催しました。

四国といえば、うどんです。このマンションには私の別宅もありますから、親交を深める意味で行いました。

いくらマンションといっても共同住宅です。階段を上る足音が響くといった小さなクレームは日常茶飯事です。

それが、入居者さんの顔が見えることで、どんな人が住んでいるかわかることで、「お互い様」の気持ちが生まれます。

あるマンションはベランダがなくて、屋上に共有の洗濯干し場を設けています。

屋根が半分までしかないのですが、雨が降ってきたら、自然にその場にいた人が屋根のある方に、物干しを移動させてくれたりと、お互いに気配りしながら住んでいることがわかります。

近すぎない距離で、お互いを思いやりながら、住み心地の良い住宅を提供していけたらなぁと考えています。

まとめ

満室経営の一番のコツは、「入居者の目線」に立つこと。お金よりも気持ちや手間をかけることで、より住みやすい快適な環境を提供する。

そのためにはマニュアル通りではなくて、自分自身で考えること。いつまでも「ここに住んでいたいな」と思ってもらうことが大事！

2章

うっちゃん流リノベ投資

～ひだまり不動産起業から、リノベ塾へ～

大家さんだった、うっちゃんが心機一転して起業!?

なんと夫婦二人で不動産屋さんを開業することになったのです。

とはいえ、私たち夫婦が不動産会社をはじめたのは、前々からやりたかったからでも、計画していたわけでもありません。偶然と行きがかりから、予想外の展開にあたふたしながらスタートしたのが「ひだまり不動産」なのです。

それから、ご縁があって東京でリノベ塾も開催することになりました。たくさんの大家さん&投資家にリノベーションの良さを知ってもらいたい。そして、チャレンジしてもらいたい、とはじめたリノベ塾。

四国から東京と活動の場が広がり、たくさんの仲間もできました。

2章では、たくさんの塾生さんに私がお伝えした、うっちゃん流リノベ術を紹介します。

偶然からはじまった夫婦二人の「ひだまり不動産」

それまでの私は、夫婦で共働きをしながら、個人で投資家をやっていました。

そのうち、アパートの花壇にチューリップを植えるような、そんな大家さんライフをもっと楽しみたいと思い立ちます。

私の年齢＋会社で勤務した年数を合わせ、60歳になったのを機に、主人よりも一足先に会社員を辞めたのです。それは２００５年の年末です。


ちょうど自分の所有物件に空室が一室あり、そこを事務所にしました。ＤＩＹを教えてくれる人がいて、自分でフローリングを貼ったり、珪藻土を塗りました。

その模様をブログにアップしたところ、当時はまだそういうことをやっている人が少なかったせいか、ブログのアクセス数が増えコメントも多く入るようになりました。

その後にお会いする人たちから「あの記事はとても役に立ちました！」と感謝されました。

そのときは、自分でリノベーションをちょっとずつはじめていた頃です。「こんな情報が求められているんだ」と驚いたことを覚えています。

さて、専業大家さんとなって1年が経ちました。

主人が勤めているのは四国に本社をおく会社の東京支社です。それが東京のＩＴ会社に買収されることになったのです。

当時、主人は東京で単身赴任をしていましたが、会社の業績が思わしくなくなり、リストラの噂もチラホラと出てきました。

それまで、サラリーマンであれば誰もがそうであるように、がむしゃらに会社に尽くしていた主人ですが、会社に対する想いが薄れたのか、「うっちゃんの会社に入ろうかな」と言いはじめたのです。

それを聞いて私はあわてました。充実していて楽しい大家さんライフでしたが、夫婦二人で行うには心もとない事業です。

大家さんとしてはすでに15年以上の経験はありましたが、投資家の視点をもったのは10年前から。

私は会社をリタイヤして、専業大家さんにはなったものの、あくまで主人の本業がメイン収入で私はサブ、「家業にする」なんて、まったく考えてもいませんでした。
「主人が会社を辞めたら安定収入がなくなる。しっかり生活が成り立つような仕事をしなくては！」そう考えました。

会社員生活が長かった私は、自分で判断してできる商売をしたい願望がありました。とはいえ、今の私にできることがあるとしたら、不動産しかありません。いろいろなアイディアを考えながら、その年、主人に宅建（宅地建物取引士）の資格をとってもらいました。

そして、不動産で何をするのかを考えた結果、買取再販業を行うことにしました。
買取再販とは、中古物件を自社で仕入れて、再生して販売するという、不動産のリサイクルのような仕事です。

これまでも築古物件を購入した経験がありましたから、物件を安く購入することには自信があります。

これは不動産業者ではないと絶対できない仕事ですが、自分の判断でもできると確信しました。

新規開業の助成金で５００万円をゲット

いざ会社を作るときには、「いったい何からはじめたらいいのだろう？」と悩みました。このとき主人は仕事で忙しく自分で考えるしかありません。

そこで知り合いのデザイン会社の社長へ「会社を作るには、何からすればいいですか？」と聞いたら「まず社名を考えなさい」とアドバイスしてくれました。知識がなさ過ぎて笑えますね。

候補をいくつか考えてから相談すると「そんなのダメ！」と却下されました。別の社名を提案したら「それもダメ！」と断られます。

「それなら逆にどんなのがいいのか提案してください」と依頼してでてきたのが「ひだまり不動産」だったのです。

そこからも試行錯誤です。そのデザイン会社から提案された名刺とパンフレットはデザイン性のある、心にガツンと響く素晴らしいものでした。

印刷費も含めると予想を超える見積もりが出てきました。

そこで、事業資金の助成金があるかネットで探しました。するとちょうど新規開業の助成金を見つけることができました。

条件があって、それは1県につき1業者、同じ事業で1業者だけとのこと。不動産業で助成を受けている会社はなかったので、社労士に入ってもらい助成を取り付けることに成功。最大７５０万円の３分の２で、５００万円をいただけました。そのお金で会社の車を買っています。

会社の車は黄色いビートルです。ボディに「ひだまり不動産」と派手にペイントしてあります。事務所も同じように目立つ看板をつけました。私はそういう発想が得意です。

これらすべてがブランディングの一環であるということは後に理解することとなります。

さて、こういった助成金は、幅広く告知されていません。また一定の条件を設けているケースが多いため、とてもハードルが高く感じます。私も自分で行える自信はなかったので、成功報酬を支払う形でプロにお願いしました。

★補助金・助成金情報

「中小企業庁」http://www.chusho.meti.go.jp/

「ミラサポ」https://www.mirasapo.jp/

「J-net21」http://j-net21.smrj.go.jp/index.html

今は助成金や補助金制度も増えているようです。起業をする方はぜひチェックしてください。なかには不動産投資家も使えるものもあります。

このように、使えたら助かる補助金ですが、意外と補助金をもらって失敗しているケースもあるようです。

水を差すようですが、自分でつくった資金と、他力本願ではないけれど、人からもらった資金、やはり覚悟が違うのかもしれません。

初のリノベ物件、買取再販プロジェクトは大成功

こうして２００６年、私たち夫婦の「ひだまり不動産」はスタートしました。記念すべき初リノベーションは、主人の退職金で購入した2軒の戸建てです。

ひだまり不動産を設立する際に、私個人でできること・・・これまで不動産屋に勤めた経験もない私が、自分だけで完結できる仕事って何だろう？　と考えたら「買取再販事業」だったのです。

個人投資家としてこれまでも、４０００万円のマンション購入があります。

1000万円以下の戸建てなら抵抗はありません。この場所なら売れるだろうと判断して買い取りました。

それが今度はどう売るか？　それには直すことが重要になってきます。当初は自分でプランを練りましたが、これが何ともつまらない。

「私は得意じゃないのにやったらダメだ！」と自分に見切りをつけ、その分野に長けている人へ声をかけました。

すると2人のカラーの違うデザイナーさんに、協力してもらえることになりました。

これまで、自分の所有している物件をリノベーションしたかったのですが、実行に移せませんでした。

また、自分の住んでいるマンションで、自作の棚を付けたことがあります。しかし納得できるものではありません。

やはり2人のデザイナーがピッタリだったのです。すごくオリジナリティのあるデザインを考えてくれました。

高松市のリノベ戸建て住宅【MATSUKO】

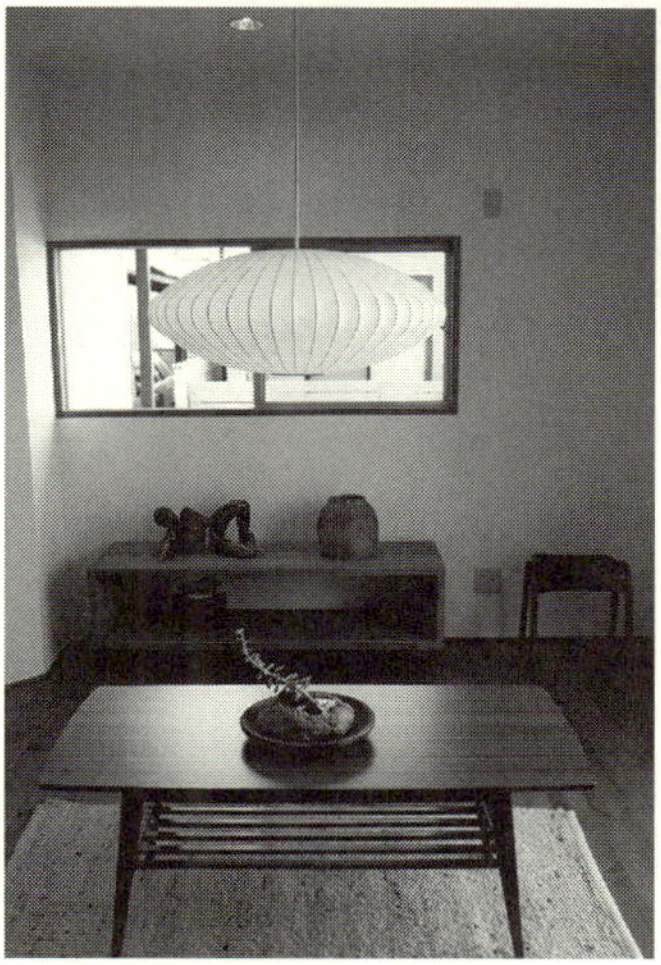

After

Before

時期	2006年6月
種別	中古一戸建て(昭和49年11月築)
価格	630万円(リノベ費用670万円)
備考	売却済

高松市のリノベ戸建て住宅【FUKUKO】

After

Before

時期　2006年7月
種別　中古一戸建て（昭和41年7月築）
価格　340万円（リノベ費用260万円）
備考　売却済

個人から法人に転身したことは、つまり投資家からビジネスオーナーへの切り替えです。よく不動産投資で財産を築き、自分の収支を安定させてから新事業にチャレンジされる人がいます。

私の場合は、家賃収入だけでぎりぎり食べていけるステージにはいました。そのタイミングで主人が「会社を辞める」と言いはじめます。

それで、これまでのように大家さんだけやっていてもダメだから2人で何かを、それも「自分たちができること」に限定したことをやろうとなりました。

ちがうステージに上がったわけではありません。同時に別のステージに立った感じでした。投資家をやめて事業家になったのではなく、投資家をやりながら起業したのです。私は不動産投資家であるからこそ、次のビジネスに進めたのだと思います。

リノベ物件第1号の「MATSUKO」は立地の良さと値段の安さで、買ってはみたものの、ただの古びた戸建てです。

最初はデザインプランを自分で考えようと頭をひねりましたが、なかなか思い浮かびません。

また、これまで事務所とアパートのリフォーム経験はありましたが、「貸すのではなくて、売る」となれば、素人のDIYレベルではマズイでしょう。

プロに頼もうにも、ただキレイにリフォームするだけでは物足りなく感じました。当時はデザイナーという言葉も聞かないころです。「オシャレに再生できる人はいませんか？」と声をかけたところ、男性デザイナーを紹介してもらうことができました。彼は以前、県外で飲食業をしたり、店舗設計を手掛けていたそうで、アイディアが豊富です。

また、「MATSUKO」とほぼ同時に購入した「FUKUKO」のデザイナーも、これまた知人の紹介で決まりました。こちらは女性デザイナーです。女性だけに「MATSUKO」とはまた違った仕上がりに期待ができそうだと思いました。

そして、ざっくりとした予算を伝え「こんな感じで直して！」とお願いしました。私が現場に出入りするのはいけないだろうと足を運びませんでした。

そして待ちに待った完成！　これまでデザインの世界をまったく知らなかった私にとって、デザイナーの発想は本当に新鮮でした。

今ではすっかりおなじみの造作した洗面ですが、10年前に見たときは感激ものです。素麺の木箱をペンキを塗って、鏡を入れて洗面所の鏡にしたり、障子の入っているフスマを照明に替えたりしています。さすがプロのデザイナー、私では到底思いつかないし、なにより雰囲気があってステキです。見た瞬間「絶対に売れる！」と確信！

前例がないような物件だけに、価格付けは難しかったですが、ある業者さんから「買取再販をするのに1戸で500万円は儲けないと税金もかかるしやっていけませんよ」とアドバイスされました。それで「あ、500万円か！」と計算をしたのです。

購入費用＋リノベーション費用＋諸費用＋500万円の価格で販売しました。「果たしてこんな値段で売れるのか？」と不安でしたが、2軒ともスムーズに売却することができました。

最初から大成功（自分なりには）を収めて、このまま買取再販路線で進めることにしました。

「ひだまり不動産」は投資用ではなく100％実需（マイホーム）です。客層は20代後半から40代の、ちょっとオシャレなアンテナが立っている人たちばかり。

もちろん最初は誰も知らない会社です。そのため営業パンフレットを作り、オシャレなカフェに置かせてもらいました。

そのうち、業者さんだけでなく、一般の人からも問い合わせが入るようになりました。

2年くらいが経ち、ブログに「こんな物件を買いました！」とアップすれば、その時点で問合せが来るようになります。

しかも、まだ修繕をしていないうちから売れていきました。私の発信した情報で物件を見に来られたお客さんに対しては「この状態の物件に、この予算をかけて直したので、総額はこの価格で販売します！」そう口頭で説明するだけで売れたものです。それ以降は「直す前から売れるパターン」が続いています。

また、そうすることにより、お客さんの要望や好みの間取りが反映できました。言わば「中古の注文住宅」と言えます。

高松は人口40万人のコンパクトな都市です。3年かけて軌道に乗り、「ひだまり不動産」ならではの独自のスタイルが確立できました。

何度も言われた「ブランディング」という言葉の意味を理解するのに3年もかかるとは・・・我ながらやれやれ。

うっちゃん、東京でリノベーションを教える

東京で開催したリノベ塾の誕生の経緯は、東京の著名な投資家さんからのお誘いです。会社ができて1年も経たないころ、私は自社のパンフレットを抱えて上京しました。それを投資家さんに見てもらうと「このパンフレットおもしろいね！　物件を見に行ってもいい？」と言われました。

さらに「リノベーションの方法がすごくユニークだから東京でもやらない？」と誘われたのです。

それで、1回リノベーション勉強会を行いました。思った以上にニーズがあり、それから自分自身で「リノベ塾」という形で開催することになりました。

しかし、私は東京にツテがありません。そんなときに、幸いにも、東京のちはさんと、広島のYｕｋａさんが手を差し伸べてくれました。

また、今でもいっしょに仕事をしてくれている、工事会社のゆきねえにも協力してもらえることになりました。

東京でのリノベ塾は、人を呼ぶセミナー型から、そのうち塾生さんが物件を買ってリノベーションを実践するようになりました。

そこで、塾生のみんなでビフォーを鑑賞して、リノベーションが終わった2ヶ月後に、またみんなでアフター見学会をする、その繰り返しでした。

今でこそ、大家さんのコミュニティも増えて、そういった実践型の勉強会も増えましたが、当時では珍しい存在だったのではないでしょうか。

実際に物件を見て、そのときに家賃はいくらか、リフォーム費用がいくらかかるのか予算を発表します。ここには本当にリノベーション好きな人が来ている印象で、「ひだまり不動産」へのリノベーションの依頼もいただきました。


ブログで情報を発信して、女性を中心に常に会員が50人はいました。直接に物件へ集まるスタイルで、毎回10人くらいは来ていました。

今では有名になった投資家さんも大勢います。当時の活動をまとめて、ちはさん、ゆかさんとは、いっしょに『「ムリなし」不動産で家族しあわせ！　~10人の成功主婦大家さんからの人生マル得不動産経営のススメ~』という本も出しました。この頃は女性投資家が本を出すことなど希でした。

それでは、次の項目からは実際に私や塾生さんが行っていたリノベーション投資について詳しく解説します！

うっちゃん流
リノベーション投資塾

1 リノベーション投資って、どんな投資なの？

一言でいえば「世の中に見捨てられた物件を安く買い、カッコよく直して差別化し、少しでも高く貸す」となるでしょうか。

私はもともと「買って直して」賃貸に出していました。ただし、私の場合は買ったときが常に空いているため、「家賃がこんなにあがった！」という事例がないのです。地方なので平均家賃の1・5倍まではいかないけれど、1・25倍まで上げていると思います。

考えてみると「ひだまり不動産」をはじめてからの販売も、それまでの賃貸も相場とは、あまり関係ありません。

競争力のある物件に差別化することで、地方によくありがちな競合物件と家賃の値下げ競争から脱出することができます。

ここで大事なことは場所選びです。建物は工事すれば生まれ変わりますが、場所は動かすことはできません。

私はといえば、場所は地方ですが街中の物件ばかりを買っています。いくら「オシャレだから！」といっても郊外ではありません。

ついでに言っておきますと、地方は「駅から何分？」ではなくて、「人が集まる街中」こそがポイントなのです。

まとめ

リノベーション投資とは、人がたくさん集まる街で、見捨てられた不動産をリノベーションして、競争力のある物件に差別化して貸す＆売ること。

2 どんな物件が適している？

リノベーションは大がかりな工事になるため、人が住んでいるとできません。そのため、空室であることが第一の条件です。

偶然にも今まで買ってきたのはほぼ全空でした。構造は私の場合は鉄骨か鉄筋コンクリートが多いですが、木造でもなんでもＯＫです。構造に関していえば、どんな構造であっても適しています。

リノベーション投資で、ポイントとなるのは「いくら工事費をかけられるか？」ということ。それには「どうやって安く買い、直す費用を捻出して、利回りを確保するか？」が重要になってきます。

そのため、リノベーションに適した物件の第二の条件は「安い物件であること！」。

私の物件は常に利回り25％を目標にしています。また、それに見合わなければ買いません。だから買う物件は相当に安いのです。

それだけに一般的にいわれる難あり物件が多くなり、おいそれと誰にでも再生できるものではありません。それに、かなりの修繕費用をかけています。およそ買った物件の2倍はかけているでしょう。

考えてもみてください。世の中の投資家はなるべくお金をかけずに賃貸に出せる物件を探しているのが普通です。

私のように大きく手をいれることを前提としている投資家は少数派なのです。

だからこそ、私の買う物件は相当に安いのです。

そうなると物件は、売主からすれば、どうしようもない物件「早く手放したい！」と思うような物件になります。

リノベ塾へやって来る生徒さんは、女性が多く、そのほとんどが個人投資家さんで、圧倒的に木造の戸建てが多かったです。

木造戸建ての方は規模が小さくて、リーズナブルに買えるということが特徴です。

大きな戸建てなら上下で2戸に分けたり、テラスハウスのように2つに区切ってしまうこともしています。

まとめ

リノベーションに適した物件とは、はさほど構造に関係なく、安く買える物件。むしろ「何をするか?」が問われる。それには人が退去している方がやりやすい。また、人がいない方が安く買える場合もある。

3 そもそもリノベーションって何?　リフォームとの違いは?

リノベーションの定義は人によって変わるところがありますよね。

私のリノベーションの定義は「間取りの変更あり!」です。もとより価値が上がっていないとダメですが。表装的なものだけならそれはリフォームです。

工事の規模でいえば

リフォーム＜リノベーション＜コンバージョン

の順に大きくなります。

コンバージョンは「用途を変える」という意味です。

居住用を店舗に変える、またはシェアハウスに変えるなどです。それには消防法の許可を得なければならず、法律も絡んできます。

用途を変えるまで大がかりなことはしないけれど、徹底的に手をいれて物件を生まれ変わらせるようなイメージです。

少し余談になりますが、ここで私がリノベをはじめた理由をお話します。

個人で投資をやっていたころ、入居者が一旦退去をしたら、最初は何もしなくてもすぐに入居が決まっていたのが、そのうち決まりにくくなりました。

そのときはリフォームを行ったり、いい営業マンを見つけたりと様々な対処を行っていました。

結局のところ、不動産業者頼みになります。しかし、せっかくいい営業マンと良い関係が築けてきたと思ったら転勤になったりと、思うように安定して客付けすることが難しいのです。それが嫌でした。

そんなときに考えたのは「放っておいても、お客さんがやってくるような物件にならないかな」ということです。

退去の連絡がある度に気分が落ち込む・・・そうならないための差別化でした。そのためにリノベをはじめたのです。

都会に比べて数こそ少ないですが、地方都市でもデザイン好きな入居者は必ずいます。そこを狙うことにしたのです。

こんな感じでリノベーションをスタートさせた私ですから、デザインの部分には徹底的にこだわっています。

実際にデザインするのはデザイナーさんですが、古さを活かしながら新しい味を出す・・・そんなリノベーションをしています。

まとめ

リノベーションの定義は人によって様々。うっちゃんのリノベーションは、古さを活かしながらも設備は新しくして清潔感を持ち、いまの若い人にも受け入れられるように甦らせること！

4 物件の探し方

最初は足で歩いて探していましたが、「ひだまり不動産」をはじめて2～3年目からは、業者さんから、どうしようもない物件＝全空で解体するしか術のない物件を「これは御社向きじゃないですか？」と紹介してもらえるようになりました。

一般の投資家がこのような物件を探すのであれば、インターネットを活用するか、地場の業者さんで一件ずつまわるしかありません。

地場の業者さんとなると、未だにネット検索も使いこなせていないような小さな業者もありますから、そういうところは今でもＦＡＸがメインです。

インターネットであれば、投資家向けに「建美家」「楽待」といったサイトが有名ですが、私は投資家向けの物件だけを購入しているわけではありません。

そのため、地元の業者がほぼ掲載されている「アットホーム」を使いますが、それこそ「アットホーム」に出していない業者さんのサイトを見るようにしています。

その他には「ヤフー不動産」も偶に見ますが、物件のほとんどが重なっています。「宅建協会」（全国宅地建物取引業協会）のホームページも見ます。

どこの地域で探していけばいいのか、といえば、私は勝手のわかる地元にするべきだと思っています。

★物件情報を探すには

「アットホーム」http://www.athome.co.jp/

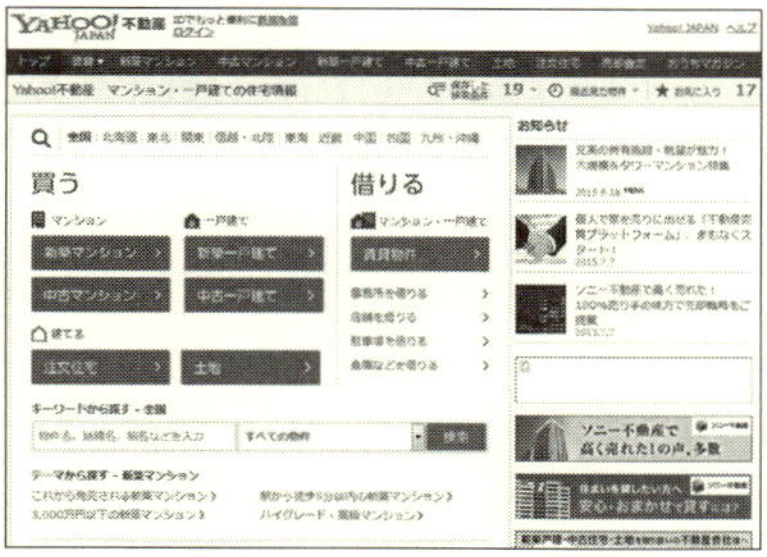

「ヤフー不動産」http://realestate.yahoo.co.jp/

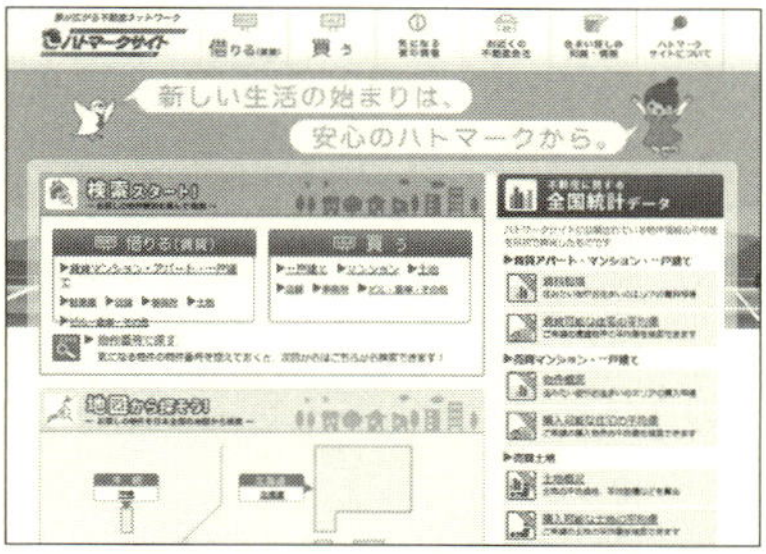

「ハトマークサイト」(全国宅地建物取引業協会連合会の不動産情報サイト)
https://www.hatomarksite.com/

最近は、首都圏の投資家が高利回り物件を求めて地方へ探しに来ています。どんな物件を買っているのかといえば、「何年も前から売りに出されているけれど、地元では誰も手を出さない物件」だったりします。

売れ残りだけに利回りが高いのですが、それ以上に運営するのが難しい物件なのです。そんな物件を遠隔で運営しようというのだから、私からすると「すごい覚悟だな」と思うのですが、ご本人は数字だけを見て決めているようです。

もちろん実際に、遠隔でも上手に運営されている投資家はたくさんいらっしゃいますし、立派だと尊敬しますが、なにかトラブルがあっても駆けつけることができません。

たしかに、よその地域の物件は良く見えます。それは私も同感です。

高松でも過去に1億円以上の物件を東京の投資家が買っていきました。

その投資家さんへ「だいぶ前から出ている物件をどうして買ったのですか？」とやんわり聞いたところ「普通の人なら融資は引けないが、自分は東京在住で属性がいいから！」と自慢げに答えていました。

でも、そんないい物件だったら、地元の投資家がすっと買ってしまうのではないでしょうか。

実際のところ、地元の人であれば地銀や信金で融資を借りられます。それでも見向きもされない物件だったのです。

本来ならもっと値が下がるべき物件でも、東京から買いに来るのもあり、「高く売れるんじゃないか？」と期待して下げない傾向にあるようです。

「融資が引けるから」「利回りが高いから」と融資や数字だけを見て、購入を決めるのはちょっと危険な考え方だと思います。

数字以外の部分で判断しようと思ったときは、やはり地元でないとその物件を知ることは難しいのではないか、と考えます。

地方はたしかに地主さんが多いのは事実ですが、賃貸経営をがんばっている地元の投資家もたくさんいます。地主さんのなかにも、いろいろ勉強されている方もいます。

地方のことをナメているといったら、いいすぎかもしれませんが、そこへ都会の投資家がきて、かんたんに大儲けできるか、といえば、それはちょっと甘いですよね。

だからやっぱり地元、自分のホームグランドが一番です。まずは地元の情報がしっかりと網羅されているサイトを見ることからはじめます。

どんな街に人気があるのか、若い人に人気のショップ、オシャレな物件を好む人たちは、地元でどんなライフスタイルを送っているのか研究します。

そして、ある程度立地を絞ったら、インターネット情報だけでなく、地元の不動産業者さんをまわって地道に情報を集めましょう。

まとめ

勝手知ったる地元で行うのがおすすめ。安くて良い物件はかんたんには見つからないと思って、地道にコツコツ探しましょう!

5 買っていい物件・悪い物件

リノベーションは物件に新たな魅力を吹き込むことですが、壊れた部分を直すことは修繕です。

修繕についてはトータルでいくらかかるかわからないために怖い部分でもあります。

とはいえ、直すところがまったくない家を安く買うことはできません。

どうしても、一般的には「買ってはいけない!」という物件情報ばかりやってきます（笑）。私の基準では、次のように見ています。

・かたむき　→　ＮＧ。直すのにお金がかかります
・シロアリ　→　柱ごと替えて防蟻処理すればＯＫ
・雨漏り　→　原因がわかって直せればＯＫ

きちんと直すことができるのか、修繕費を利回りとどうすり合わせるかがポイントになります。

よく「雨漏りをしている物件は買ってはいけない」と言われますが、私が買っている物件は雨漏りが多いです。

これが原因不明であれば問題ですが、信頼できる業者さんにしっかり直してもらえるのであれば許容範囲だと思っています。

リノベーションは徹底的に行う方が差別化になります。そうなると、問題となるのは費用です。

つまり、一番の肝になってくるのは「いかに安く買えるか？」ってこと。安く買え

れば買えただけ、直せる費用も多く出せるからです。

たとえば極端ですが、総額で1億円の物件だとしたら・・・。取得費用が2000万円で買えたなら8000万円で直せます。これが8000万円で買うと2000万円しか直せず、ライバル物件と差別化が図れません。

なるべく安く買って、直す費用を贅沢にかけたとしても、利回りが合う物件ならいいですよね。

まとめ

買っていい物件・悪い物件は細かいことでなくトータルで考える。その予算内で直る物件ならよしとする。合わなければ買わない。

6 安く買うコツ

基本は「ボロくて安い物件」を、リノベーションで生まれ変わらせることです。

もともと誰も買わなくて、安値がつけられていることが多いですから、無茶な指値をすることはあまりないですね。でも、必ず交渉はします。

まずは物件購入時の交渉術から。最近は2800万円だった物件を800万円で買いました。

ちょっと強気に「この予算でなければ買わない！」と明言したのです。

売主さんは「それでもいいですよ！」と、条件を飲んでくれました。ありがたいことです。

なぜ、私がそこまでの指値をしたのかといえば、物件を欲しいと思うエリアではなかったからです。というのも、この物件は私の住む高松市から15キロほど離れた隣町で、私が普段投資している街中から外れています。

学生向け物件ということで、リノベーションではなく、少し内装をオシャレにして、1室に30万円かけて直しました。細かい計算はしていませんでしたが利回り50％程度です。

利回りだけ聞くと、「すごーい！」と思われるかもしれませんが、そうラクな物件ではありません。いろんな問題があって売主さんも手放したがっていたのです。

だから私は「この金額でなければ買わない！」と最初から予算を決めていました。

仲介業者も「こんな金額では、交渉に持っていけません」と言っていたのですが、「通りましたよ〜」と良いお返事をいただきました。

このときは、無茶な指値でしたが、けっきょくのところ、自分の基準を決めたら妥協しないことが安く買うコツなのだと思います。

それから私は、ひとつの物件へ深追いをしません。細かい交渉ではなく一発交渉です。ダメならダメできっぱり諦めます。


もうひとつは、不動産業者さんと信頼関係を結ぶことです。下手な価格交渉をするよりも、「この人のためにがんばってあげたい！」そう、思って応援してもらえることが大切です。

その結果が値引きだったり、よい情報を人よりも早く教えてもらうことにつながります。

そこで大事なことは、ヘンな駆け引きはしないで、予算があれば正直にいうこと。業者にとってそういった状況は日常茶飯事なので、初心者の駆け引きなんてすぐに見破られてしまいます。

工事においても、長くお付き合いできる、信頼できる工事業者さんであれば、値引き交渉をしなくても良心的な価格で、よい施工をしてもらえます。

私は「ひだまり不動産」で不動産業者をしています。その立場でいわせてもらうならば、不動産仲介の仕事は成功報酬、いくら、がんばって動いても、契約にならなければ報酬は得られません。

ですので、一番やってほしくないのは情報収集だけして「いつの間にか他の業者さんで購入していて、その報告もない」ということです。

そういう方から、また問合せが来ても、誠心誠意がんばろうとは思えませんよね。顧客も業者を選ぶように、業者も顧客を選ぶということです。

まとめ

自分の基準を決めたら妥協しないこと。それから、良心的な価格でやってもらえるよう工事業者と信頼関係を結ぶ。

7 リフォーム工事の業者さんの選び方

これからチャレンジする人であれば、できれば信頼できる先輩大家さんから紹介を受けるのが安心です。

そもそも、リノベーション工事を信頼してまかせられる業者さんの数は多くありません。

話しを聞いただけで信用するのはちょっと待ってくださいね。必ずその人の手掛けた現場を見てください。「できますよ！」と言いながら、その業者さんによってはまるで仕上がりに差があります。

今でこそ専門の業者さんが増えてきましたが、リノベーション工事は普通のリフォームに比べると難しい部分があります。少なくとも新築を扱うような大手にはお願いできません。

実際の現場をみて納得して、それから「この仕上がりでいくらかかったのか？」を確認してください。そこでコストも合うようであれば、はじめてお願いすることを検討します。

はじめてであれば、それくらい慎重にしても良いと思います。

それから、施工するのは、なるべく若い大工さんがいいですね。あるいは若い現場監督さんです。デザインはプロにまかせるとはいえ、リノベは感性のある人でなければ務まりません。

業者さんを見つけたら、ある程度は任せながらも、現場はしっかりチェックするようにしています。

それでも発注する側が「どういうものに仕上がるのか？」を理解していなければ意味がありません。

私の場合、最初のころは見てもわからなかったので、すべておまかせするしかありませんでした。

それが運良く当たりでよかったです。そういう意味では、すでに実績のある紹介された業者さんや、リノベーションを得意としている業者さんにあたるのがいいかもしれません。

私は信頼できる工事業者さんともう何年も仕事をしています。信頼しているからこそ、一切の値引き交渉をしていません。

最初から「ここまでの予算で考えて！」と伝えますが、どうしても予算が合わないところは仕様を変えます。

このやり方は、信頼できる業者さんだからこそ。皆さんも信頼できる業者さんを見つけましょう！

まとめ

リノベーション業者選びは先輩大家さんからの紹介も有効。若い感性の大工さんや現場監督さんにお願いする。

8 リノベーションの肝、デザイン

私はプロのデザイナーにおまかせしています。

でも「こんな風にしてほしい！」という要望はしっかりと伝えます。慣れていれば、さらっと説明しただけで伝わるかもしれませんが、はじめてであれば、なかなか伝わりません。

そこで、雑誌や本から好みの写真を切り抜き「こんなのが好き！」という風に、自分の「好き」をいっぱい集めてデザイナーに見せます。

好きなものをただ寄せ集めただけでは、テイストが支離滅裂になりがちです。その「好き」な要素をデザイナーに取りまとめてもらうのが一番うまくいくパターンです。

できるなら細かく口を出さない方がいいでしょう。譲れないところだけ伝えて、あとはまかせておけばカッコイイものができます。

ただし、こだわりは人によって違うもの。賃貸であればいいですが、マイホームとして売る場合は、施主さんが満足しないといけません。そこのすり合わせはとても難しいものです。

私は業者なので、あえてアタックしていますが、不動産投資として行うリノベーションであれば、少し肩の力を抜いて考えても良いでしょう。

借りてもらえさえすればいいからです。それには「いかに安くカッコよくできるか？」がポイントになります。

お金を出せばいいものができるのは当然です。

収益を求める不動産投資では、しっかりと利回りの基準に合わせないといけません。

そのバランス感覚も、自分で考えるよりはデザイナーの方が格段に上です。

まとめ

餅は餅屋、デザインはデザイナーにまかせる。コストを考えて利回りを出すためには、デザイナーの力を借りる方がいい。

9 デザイナーの探し方

これもよく受ける質問です。私は私の場合は知り合いに声をかけました。それでピッタリの人と巡り会えました。

今から12年前、そのころはまだリノベーションもほとんどなかったので運が良かったのです。

デザイナーさんは、私が「リノベーションのデザインはできますか?」と聞いたら「できます!」と明言しました。「私といっしょに仕事がしたいと思いますか?」と尋ねたら「やりたいです!」と。

当時、そのデザイナーさんは新築のコーディネートこそやっていましたが、実績も作品もありませんでした。しかし、私は直感で「この人ならいける！」と思ったのです。

その後も「勉強させてください！」「がんばってやりますから！」という人が来ますけれど、そんな人には怖くて頼めません。

デザイナーは自信がなければ務まらない仕事です。やはり「勉強させてください」ではなくて、「できます！」と言い切る自信が大切です。

建物が完成してから「こんなはずじゃなかったのに！」となれば、後々になって揉めますから、しっかりとプロ意識のある方に依頼すべきです。


工事は最後に追加でやり直さなければならないことも多々あります。

個人投資家時代は、なかなかいえませんでしたが、今はデザイナーが主導で「これだとダメ！」となれば文句なくやり直しをお願いしています。

今となっては工務店も「デザイナーの納得するものを作りたい！」という情熱から一切の妥協をしなくなりました。

逆に私の方が「もうそのへんで・・・」と止めるくらい、みんな妥協をしません。だから「やり過ぎ！」と怒ることもあります（苦笑）。

基本的にデザイナーは予算を把握しています。

最初に1室へかけられる費用はいくらなのかを計算し、それに合わせせられるデザインを依頼します。しかし、だいたいはオーバーしてしまいます。

絶対に譲れないもの、たとえば「床は無垢で貼って欲しい」や、「なるべく水回り以外はCF（クッションフロア）を使わないで！」と伝えます。最終的な調整をしてからまかせます。

なおデザイナーの費用は1案件で40万～80万円です。とくに相場は決まっていません。というか決められません。

まとめ

やはりクチコミでの紹介がベター。実績ある経験者を信頼できる先輩、業者さんから紹介してもらう。

10 リノベーション投資の流れ

リノベーション投資の流れは、普通の中古物件投資にいくつかの工程が足されたようなイメージです。

地域を決めて情報収集して物件を探します。物件が見つかれば必ず見に行って、どの物件がいいのか決めます。

購入できたら、どんな部屋にしたいのか、プランのたたき台を考えます。その際に、どれくらいのお金がかけられるか、予算も決めます。

そこでようやくデザイナーに依頼します。デザインプランが仕上がったら工務店に見積もりを依頼し、金額と内容の調整をして、工事がスタートします。工期は3ヶ月くらいです。

物件を買ってから1ヶ月でプランニング、3ヶ月で工事です。工事をしながら賃貸募集もします。そのためデザインパースを2枚（間取りと外観のイメージ）描いてもらいます

今では工事をしていない段階であるにも関わらず、お客さんが見学に来て決まります。それは地元高松では「ひだまり不動産」のブランド力がついてきたから。

そもそも高松では、リノベ物件を取り扱う会社は少なく、リノベーションといっても新築にやり直すパターンがまだまだ多いのです。

★リノベーション投資のフロー

地域決定 → 情報収取・物件探し → 物件購入 → 投資家が予算・プランのたたき台を決める → デザイナーに依頼・工務店見積もり → 工　事 → 完成・入居募集

古いよさを活かすタイプの物件再生を行っている業者は、今のところ「ひだまり不動産」だけだと思います。私は、リノベーション物件を10年以上前からやっているので、香川県ではいつの間にか古株です。東京のように今のところ、競合が少ないのも大きな強みです。

意外に思われるかもしれませんが、このように地方だと競争力があり、それを理解してくれる賃貸業者さんへ客付をお願いすれば早く埋められます。

地方だと、デザイナーや工事業者が少ないというハンデがありますが、それは競合がいないということ。私の物件を視察にきた、とある業者さんは「田舎でこんな飛び抜けたことをやって借りる人がいるのがすごい！」とビックリしていました。

一概に「地方だからダメ」「オシャレな物件だから

東京でなければ受け入れられない！」と判断するのは大間違いです。

東京は資本力のあるところがガンガン出てきますが、地方にはそれがあまりありません。

だからこそ、投資エリア選びは、地方の人は地場でやる方がいいのです。東京の人でも「親が住んでいる」「地縁がある」のなら可能性はあるかもしれません。

まとめ

地方ではデザイナーや工事業者が少ないけれど、チームになって行えば、ボロ物件をオシャレ物件に変えて高利回り投資を実現できる！

11 魅せ方のコツ

いろいろ説明しなくてもドアを開けたら決まります。

それが差別化なのです。退去する前から次の入居者が決まります。

希望者は「空くまで待っていたら遅いですよね？　今のうちに申込みます！」と言っ

てきます。それでキャンセルになったことは一度もありません。最近も6月に退去する人が2月に予告をしてくれました。それから2週間後には次の入居希望者が決まり、お金を入れて待ってくれています。

本当にデザインの力ってすごいと思います。

ちょっとしたコツでいえば、全部を安価な設備にすると、やっぱりどうしても安っぽく仕上がります、

良いバランスで、本物を入れると予算も抑えつつ効果的があります。

床はわりと早くから無垢にしていました。なにより私が無垢を好きだからです。賃貸ではまだ誰もやっていなかった時によく「無垢の床は痛みやすい！　補修ができない」と言われましたが、結果でいえば痛みはありません。入居者の皆さんは大事に使ってくれています。

リノベーション物件に興味を持つ入居者さんはデザインを重視する感性があり、物件を大切にして住んでくれます。それに揃いも揃ってみんな性格のいい人ばかりです。

居住空間を大切にする人はお部屋をゴミだらけにしません。逆に退去のときは、美装工事を入れる必要もないくらいお部屋をピカピカに掃除して返してくれます。

以前、学生向けの物件を手がけたことがあります。それまでは8畳のワンルーム、家電3点セット付き、水道代込みで家賃2万3000円でした。

最初は手をいれるよりは、そのまま1室2万3000円でやるべきか悩みました。しかし、会社として運営しているのだからと30万円を投資して、部屋を変えました。カウンターをつくって、オシャレな椅子を置き、照明を替え、ドアの色を塗り直したのです。そして、家賃は1万円アップの3万3000円に設定しました。

すると看護系大学の学生さんが入ってくれました。住んでいる学生さんの友だちが見に来て気に入れば、来年は客付がもっとラクになるかな、と予想しています。

学生さんでも感性のよい人は「この椅子はどこのメーカーですか？」と聞いてきます。

今でこそ、高松であれば工事をしている最中で決まるので、内覧会をする時間もありません。

しかし、次につなげるためにもなるべく内覧会をして、モデルルーム化することは大切です。

起業したばかりのころは、必ず内覧会用にモデルルームをつくっていました。

内覧会をするときは質の良い家具を入れ「こんな感じで住めますよ！」とイメージ

作りに手を抜きません。

賃貸物件はＩＫＥＡが多いですが、デザイナーが選ぶとオシャレに見えます。キッチンもフレームだけのものをよく使います。およそ2万円の安価なものですが、見た目がシンプルでオシャレです。

このように、どちらかといえば機能性よりも、見た目のデザインを重視します。賃貸なので一生住むわけではありませんから。

それから写真の撮り方も工夫します。よく言われますが、私の撮った写真が一番ステキに見えるそうです。

それは私の気持ち「高く貸したい、売りたい！」がこもっているからだと思います（笑）。

普通なら広角レンズで撮って、実際より少しでも広く見せようとしますが、私は別にすべてを見せなくてもかまわないと考えています。

ステキなところだけ紹介できればいいからです。

写真で大事なのは「こんなお部屋に住みたい！」とイメージがわくようにすることです。

写真全体をはっきり写すのではなく、手前にピントを合わせて背景をボカします。それにより「奥はどうなっているんだろう!?」と興味をそそらせます。背景にはグリーンを必ず入れておくのもポイントです。

それらの写真は自社のHPのみに10点くらい載せています。不動産屋さんには写真を送りません。これは以前からです。

SEOをかけてまで皆さんに観覧していただいても、決まらなければ何の意味もありません。

「東京R不動産」（http://www.realtokyoestate.co.jp/）など、個性的な賃貸住宅を紹介するポータルサイトでは、あえてキレイに撮らないと聞きました。その理由は見栄えの良い写真に比べ、現物とのギャップで内覧者をガッカリさせないためです。

最近では、見た目の部分にくわえて、コミュニティを大切にしています。

場所や、今住んでいる人のことを考えながら自然発生的にアイディアが浮かんできます。

たとえばその物件にカフェが入っていたら、そこを中心にコミュニティを考えます。

これは利益に直結する部分ではありません。

自分だけが利益を得るのではなく、それをすることにより、入居者の生活が潤うように努力しています。

じつは私の関東事務所兼、自宅でもある賃貸物件もコミュニティスペースはあります。ここも賃貸物件として貸してしまった方が、家賃がはいって利回りも上がりますが、長い目で見たらそういうことではないと思っています。

このコミュニティは入居者なら1回500円で誰でも使えます。金額設定しているのは、お金を取りたいのではなくて、少しでもお金を払うことで、きちんと使って欲しいからです。エアコンを付けっ放しにされると困りますから、規律を守って使用して欲しいということです。

ミーティングやちょっとしたパーティに使ったり、プロジェクターを置いているので、映画鑑賞会なんかもいいと思います。

コミュニティはテナントリテンション（入居者保持、解約の抑止）になり、長期入居につながっています。

これは高松の話になりますが、地域とどう関わるのかという意識を高めています。

なんとなくですが、イメージがいい物件となって「あのアパートいいよね！」って、誰かの口から言ってもらえるのが一番効果的ではないでしょうか。

大事なのは目先の欲に惑わされないことです。

まとめ

内覧会を開いて、しっかり周知する。目先の利益にとらわれず、コミュニティスペースなど作り長期入居をしてもらえるよう努力する。

12 入居募集

自社物件の客付は、学生向け物件を除いて「ひだまり不動産」でやっています。

募集条件は礼金1ヶ月・敷金2ヶ月です。どうせ返金するものだし滞納もないからです。

他所から香川県に移住してきて「今から仕事を探します！」という人もたまにいます。面接で、親がいて貯金があるなど問題がなければならOKです。

学生だったら親もいることですし保証会社を入れず、私が入居審査をしています。

入居者は見ただけで、この人ならいいかなというのがわかります（基本的に人を見る目はありません)。

リノベーション物件を探している人は面白いほど共通点があります。車だとちょっとカッコいい外車、服は高価なものではないけれど、雰囲気のある格好をしている人が多いです。

属性はバラバラですが、田舎なので職種は限定されています。それで家賃を滞納されるどころか、ほとんど遅納もありません。

家賃が遅れるのはリノベーションをしていない物件で、以前から住んでいる人です。リノベーションに住んでいる人は家賃が遅れることはまずありません。

私の物件は他よりも家賃が少し高いです。

だからなのか、女性の一人暮らしの場合は、手に職のある看護師さんや保母さんが多いです。

ファミリー物件であれば、転勤族の方も多いです。

都会のようにデザイナーやミュージシャンなど、収入が不安定なクリエイター(フリーランス)の仕事ではなく、職業が普通なのが、地方ならではのことではないでしょうか。

リノベーションをしているからこそ属性のいい人が住んでくれるのです。次に待っている人も「早く予約しておかないと！」と連鎖します。するとあの物件は人気物件だ！」となり、「ひだまり不動産」で扱う物件は敷金も礼金もいただいているにも関わらず、他の敷礼0円の物件とはライバルにならなくなります。

まとめ
地方では、デザイン性の高い物件が合わないと思われがちだけど、地方こそライバルが少なく、入居者も安定した職に就いている人が多い！

13 リノベーションに使える融資

最初のころは物件だけに融資を引き、リノベーション費用は現金で出していました。物件の数が増えていったため、リノベーション費用も借りることにしました。常に満室ですから、その実績で融資を引けるようになりました。

融資で一番お付き合いの多い金融機関は地元の信用金庫です。会社を作ったとき、距離的に近かったので信金の方から営業にやって来ました。

この信金の良いところは、レスポンスが他の銀行より早いこと。それに私の主人と支店長がたまたま同級生だったのです。これはラッキーです。これも地元に絞ったやり方が良いのだと思っています。

融資は500万円なら500万円と、かかる費用分を借ります。その500万円で修繕したことにより「家賃が高く取れる」という事業計画を私が作成して提出しています。事業計画とはいえ極めてシンプルです。

ざっくりと「1室に○円お金をかけて、家賃が○円になり、○年で回収できる」という感じで、改装内容も手書きです。

デザイナーの描いたものを貼り付けるなど、工事内容の詳細はつけていますけれど。先日も東京の銀行に勤めている娘が私の事業計画書を見て「あんな雑な事業計画見たことない。あれで通ったの？　ありえない！」と呆れていました。

先ほどの学生物件など、2万円台の物件で30万円のリフォームをかけるのは法外ですが、私の場合は取得費用が格安です。

トータルで考え、工事費用を入れて1100万円になっても、その差は300万円です。

それに家賃を割り戻してみれば、「すごい！」といわれるような利回りになります。そういった金融機関に対してのアピール力は必要だと思います。

やはり費用はトータルで考えることが重要です。

融資期間もリフォーム費用だけでなく、物件と合わせて一番短いと7年です。通常だと10年で、長くても15年です。

日本政策金融公庫も使っていますが、事業用の設備資金は5年から10年、最大でも15年です。

10年で利益が出るような物件を購入するのであれば、公庫は初めての人でも借りやすいので、おすすめです。できれば個人では公庫、法人は信金が理想です。

今でこそ融資には困っていませんが、私が10年前に地銀へ持ち込んだときは築年数が古すぎるということで審査が通りませんでした。

銀行は金融庁の方針や、各支店の担当レベルによっても対応が変わってきます。ですから随時、情報収集は必要です。

私の場合は主人と支店長が同級生でしたが、そうでなくても自分とフィーリングの合う担当者がいるうちに実績を積んでおけば、次の展開につながります。

そして、数をこなせばこなすほど、融資審査は通りやすくなります。

まとめ

日本政策金融公庫、信用金庫などが候補となる。銀行は各支店の担当レベルによっても対応が変わるので、マメに情報収集は必要。
そして、実績を積めば積むほど審査は通りやすくなる！

番外編 共同事業Ｈａｒｃｈプロジェクト

Ｈａｒｃｈ（ハーチ）プロジェクトは、東京をメインに行っていたリノベ投資の共同事業です。

私がリノベ塾で奮闘していたら、自然発生的に、２人の女性が見るに見かねて手伝ってくれるようになりました。

彼女たちと「東京でも物件をやってみよう！」となり、３人で合同会社「Ｈａｒｃｈ」を作りました。これが、Ｈａｒｃｈプロジェクトのきっかけです。

そして、２００９年夏、北千住駅からほど近い築53年の小さな戸建てをリノベーションしました。物件の名前は会社名と同じ「Ｈａｒｃｈ」（ハーチ）、英語です。「前に進め！」という威勢のいい意味です。

家賃は２ＬＤＫで16万８０００円。礼金と敷金だっていただきます。

決してオシャレな街にあるとはいえないけれど、線路のそばで電車の音も多少は聞こえるけれど、なんといっても元は築53年のボロ戸建てなのだけれど、「Ｈａｒｃｈｈ」はそれ以上の魅力を得て、「選ばれる物件」に変わりました。

「初めて来たとは思えないほどのゆったりと心地よい空間に、一目で好きになってしまいました。建物全体からオーナーさんの思いやアイデアが溢れていて、大切にされてきたのだなぁと感じましたし、大切に愛情をかけて一緒に暮らしていきたいな、と思いました。こんな物件は初めてです！」

これは、申し込み時に入居者様からいただいた言葉です。家主も住む人も嬉しい。こんな理想的な取引が実現できたことを、私たちはとても喜んでいます。

メンバーは高松を中心にリノベーション事業を展開している私と、古い物件のリノベーションデザインを得意とする「アイエス・ワン」代表のｙｕｋａさん。そして東京で会社員をしながら夫婦で不動産経営をしている、ちはさんです。

「Ｈａｒｃｈ」はもともと不動産投資の経験を持つ私たちが、資本金を等分に出し合い、「リノベーションを中心に色々と楽しいことをする会社」として設立しました。

私はこのプロジェクトが生まれたのは、偶然ではなく必然だと思っています。

というのも、この会社を作るきっかけが、お互いのブログを通じて面識のあった私（香川県高松市在住）とちはさん（東京都渋谷区在住）が、東京の街中で偶然、遭遇するという〝ミラクル〟が続いたことにあるからです。

それも、不動産投資のセミナーや講演会ではなく、渋谷駅の改札など、「まさか」のシチュエーションで！

「私たち、よく会うね。話も合うし、何か一緒にできるといいね」

前年に「ひだまり不動産」の東京拠点「ひだまりどっとあーる」を立ち上げ、都内での事業を拡張していた私はちはさんを誘いました。

会社員のちはさんは仕事が忙しかったけれど、築古物件を中心に行っていた不動産投資は、やればやるほど面白いと思っていたそうです。

そこに、私が運営する「リノベ塾」の講師として依頼した、随分前からの大家さん仲間でもあったｙｕｋａさんが加わり、出発の準備が整いました。

３人には、共通点がいくつもあります

1、大きな借金が苦手なこと

2、自分たちが楽しく仕事をすることが一番大切だと思っていること

3、楽しいと思える仕事を、人のために役立てられたらもっと嬉しいと思っていること
4、不動産投資の目標が、"利益はそこそこ"で"家族しあせ"が着地点ということ

「Ｈａｒｃｈ」の事業を一言でいうと、リノベーションに適した物件を見つけ、その工事を行い、一定の利回りを確保する金額で客付を行うことです。

営業エリアは、物件数も家賃も四国や広島とはケタ違いの東京。物件探しは、東京在住のちはさんの担当です。

まず、ホームズやアットホーム、投資物件を紹介するサイトなどで、東京23区内で1000万円以内、それも駅徒歩10分以内の戸建て、区分、土地（古家付き）を探してピックアップする作業をはじめてもらいました。

知り合いの業者さんにも安い物件があれば、優先的に紹介してくれるよう、連絡してくれたそうです。

平日は仕事なので、物件探しは出勤前と帰宅後、そして週末に集中して行ってもらいました。

北千住の物件を買うまでに実際に見た物件は2ヶ月で10件弱とのこと。

実は、10件どころか多数の候補物件を見つけてくれて私とｙｕｋａさんにメールを

してくれたのですが、ほとんど却下しています。

「連棟式の家では思うように工事ができない」

「古すぎて建て直すくらいの費用がかかる」

「これは家じゃなくて小屋」

仕事でたくさんの築古物件の工事を行っている私とｙｕｋａさんは、メールの添付写真を見ただけで、物件の弱みがわかるのです。

チェックをくぐり抜けた物件については、仲介業者に連絡を取り、私とｙｕｋａさんが上京した際に見てまわれるように、びっしりとスケジュールを組んでもらいました。

気に入った物もいくつかありました。しかし、工事費用から逆算して指値を入れたところ、何度も玉砕・・・。

ちはさんが弱気になっている時、私は平気な顔をして、「ちゃんと私たちに合う物件が出てくるから！」と励ますと、ちはさんも「よし、次行こう、次！」と頑張ってくれました。

仲介業者さんから、北千住の戸建てを紹介されたのは、そんな時です。

この情報を受け取ったちはさんは、「いける」と感じ、私とｙｕｋａさんに「買うことになると思う」と宣言しました。

物件の写真が送られると、鑑定担当のｙｕｋａさんが「ようやく家らしい家を見つけてくれたねえ」と言うのでホッとしたのを覚えています。

実際に見に行くと、駅から10分以内で、目の前には公園の桜の木という好立地。築年数は50年以上経っているものの、屋根や外壁はリフォーム済みでまだ新しい・・・。

そして、無事に売買契約を済ませたのは4月末。予算削減のため、所有権移転等の手続きは司法書士に依頼せず自分たちでやりました。

そのときは皆、「これでやっと工事ができる」とワクワクしたのですが、契約後、売主さんの事情で予定が延び、引き渡しが済んだのは6月10日のこと。

しかし、その期間は無駄にはなりませんでした。契約から引き渡しまでの間にｙｕｋａさんが手際よくデザインと部材の発注を終えていたのです。

そのかいあって、10日の午前中に引き渡しを受け、なんと当日の午後には職人が仕事をはじめるという完璧なタイミングで、リノベーション工事がスタートしました。

工事は、ちはさんの前職の知人から紹介された工務店に依頼しました。社長は「ゆきねえ」と呼ばれている女性で、最初から不思議とウマが合いました。

ゆきねえはｙｕｋａさんのデザインした物件を見に広島まで出かけるなど、とても勉強熱心な人です。ゆきねえの広島での第一声は「目からウロコ」「私が今までやってきた工事ってなんだったの？」でした。

一般の工事業者さんにとって、ｙｕｋａさんのデザインしたリノベーション物件は、それほど画期的なものだったようです。ｙｕｋａさんがプランニングした工事に対して、ゆきねえが出した見積もりは６０４万円でした。

以前に見積もりを依頼した他の業者と比較して、「もっと安くなるんじゃない？」と言いかけたちはさんをさえぎり、私とｙｕｋａさんは「これでお願いします」と快諾しました。

普段、工事を受ける側の私とｙｕｋａさんは、多少高くても丁寧に工事をすること、期限を守ることがいかに大切かを知っています。

そして工事がスタート。この物件はもともと平屋で、米屋を営んでいたようです。何回かの増築と一部解体を重ねながら、受け継がれてきたのでしょう。

中はすべて畳敷きで、６畳や３畳の小さな部屋が連なっている昔ながらの間取り。

東京都足立区のリノベ戸建て住宅【Harch】

2階にはスケルトンの間仕切りを。

個性の違う3人ですが、こだわりの度合いはみんな一緒。

内覧会は延べ100名を超える人で大にぎわい！

生まれ変わったベランダでのんびりカフェタイム。

時期	2009年6月
種別	中古一戸建て（築53年）
価格	約600万円（リノベ費用676万円）
備考	売却済

床は無垢×オイル仕上げ。この質感、ナカナカありません。思わず素足になってしまう。

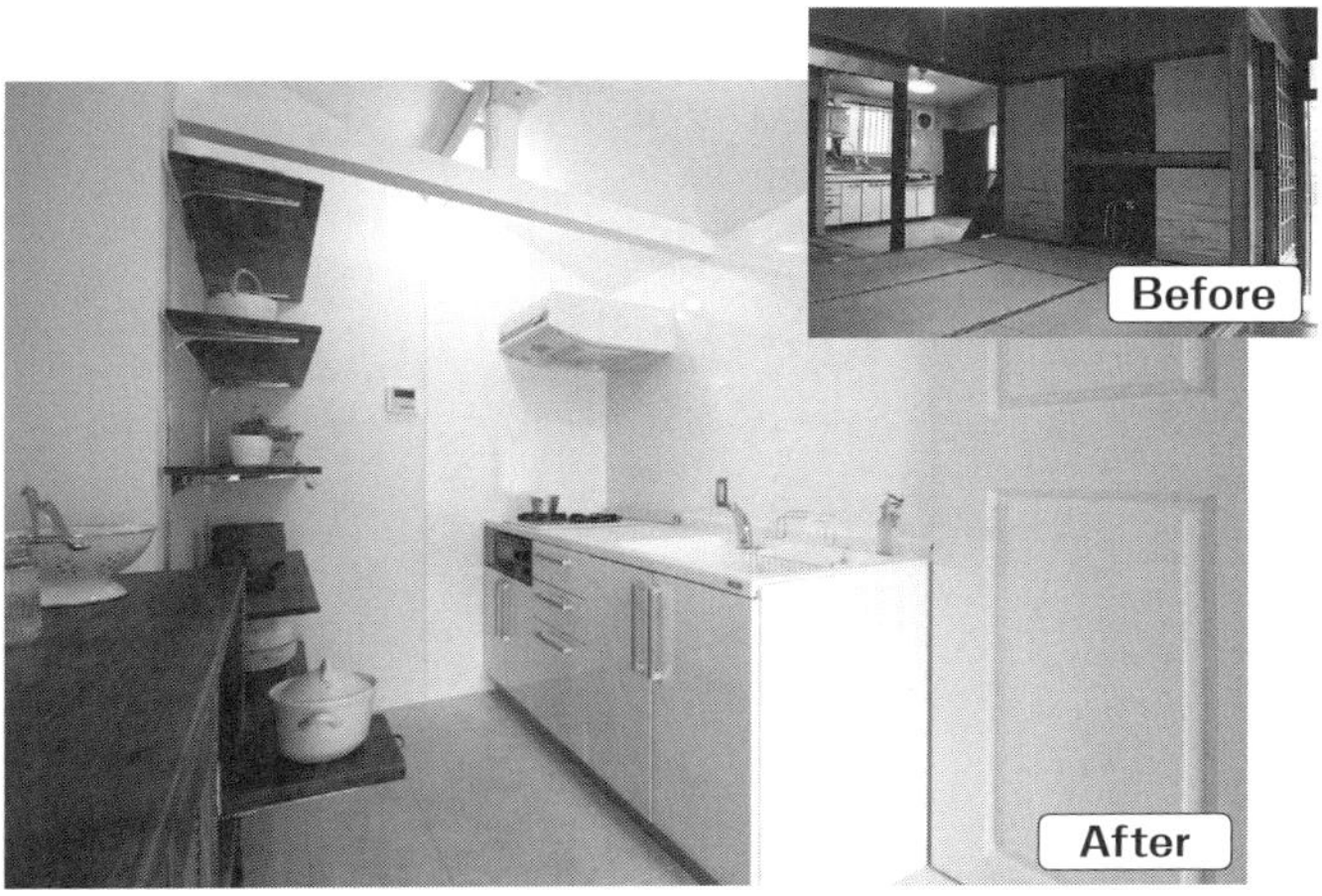

ミリ単位の設計は大工さん泣かせでした。

お風呂はバランス釜と呼ばれる旧式のもので、洗い場の壁はブロックを積んだだけで声が外に筒抜けでした。トイレは水洗で、それを見たときは一同、胸をなでおろしました。

工事にはつきものですが、いくつか予想外の変更がありました。

風呂はユニットバスを入れる予定が、風呂場の入り口から入らず、タイルで仕上げることに。都市ガスを引き入れるにはかなりの金額がかかることから、プロパンガスを使うことにしました。

古い木造家屋には珍しくないシロアリの痕も少し見られたので、基礎を補強する部分も出てきました。結局、最終的な工事金額は676万円となりました。

それでも、きちんと付加価値を提供できれば、一定の利回りは確保できるので、「必要経費」と判断し、この時も値引き交渉は無しでお願いしました。

外壁は修繕されたばかりだったので、リノベーションは内部に限定しました。

まず、壁をぶち抜いて1階は14畳のLDKに。入口から中が丸見えだった玄関には、壁と扉をつけて、外と内部にワンクッションおける仕様に変えました。

キッチン、洗面台、トイレ、風呂など、水まわり品は全て撤去し、新しい設備を導入です。真新しいシステムキッチンの隣には、ｙｕｋａさんがわざわざ広島から選んだカウンター台を置き、壁には可動式の木製棚を付けました。

床は、1階が無垢のオーク材、2階が硬くて傷がつきにくい木目調のタイル材です。2階の床材は、1階の床材の4分の1程度の予算で済ませています。また、1階は扉や収納に無垢の木でできた特注の建具を使いましたが、2階は仕切りにも収納部分にも、デザイン性の高い既製のアコーディオンカーテンを使いました。

こちらも、予算は2分の1です。ｙｕｋａさんは言います。

「人の集まる1階のＬＤＫに予算を集中するのが予算配分のコツ。水まわりはシンプルで清潔感を感じられれば十分、寝室も同じです」

自宅と違い、収益物件では予算に上限があるので、使うところと削るところのメリハリがとても大切なのです。

6月にはじまった工事は、1ヶ月後に全て完了しました。

「ここに洗面台を置く予定だったけど、壁に傾斜があるから無理だよ」

職人さんがそう言えば、ゆきねえからｙｕｋａさんに連絡が行き、すぐに別の方法が決められました。

収益物件の工事に時間のロスは禁物です。工事が延びれば、入居者を募集できず利益は上がりません。職人さんの日当だって増えます。何度も現場に足を運び、その仕事ぶりを見ていると、信頼できる業者さんに依頼して良かったとしみじみ思いました。

投資家の立場からすれば、少しでも値段を抑えたいのが本音でしょう。しかし、リノベーションに関しては、ある程度の予算を用意して付加価値をつけ、賃料に反映した方が得られるリターンも増えるというのが私たちの考えです。

ただ、地域によっては付加価値が賃料に反映できないケースもあります。

四国と広島を拠点にしている私とｙｕｋａさんが、東京に通うのは、「付加価値を感じていただけた分、賃料をもらえる」というリノベーション業者にとってやりがいがある場所だから、とも言えるのです。

また同時に、「東京R不動産」などのサイトに掲載を依頼しました。

ちはさんはというと、ｙｕｋａさん手作りのマイソク（不動産業者に客付を依頼するための物件の資料）を持って、北千住中の仲介業者に客付の依頼に行きました。

広さと価格だけで判断する業者さんたちは「ふーん、浴室乾燥機ないし、家賃高いね、いくらまで下がるの？」と、一応につれない反応でした。

しかし私はちはさんへ「無理して頼む必要はない。この家の良さをわかる人だけでいいから」と言い、深追いしてもらうことは避けました。そして、工事終了から2週間後に内覧会を開きました。

代官山雑貨ショップ「アレゴリー」からお借りした家具や小物に、用意してあった雑誌や観葉植物を合わせると、シンプルな箱が生活をイメージできる温かい空間へと変化します。

そして、賃貸に出すまで3ヶ月間は、人に見せる期間を設けました。それがブランディングとなり宣伝効果も抜群で、次の仕事につながっています。

自分たちの物件ですからコントロールができたのです。

一般向け内覧会には、2日間で全国から約100名の方々にお越しいただきました。

同じ日に入居希望者の内覧が6組もあり、いくつかの申し込みをが入ったのです！

そして、特に物件を気にいってくれたご夫婦にご入居いただくことを決めました。

物件を愛してくれる人が住んでくれると、入居期間も長くなりクレームも出ません。

〝愛される物件〟を提供することは、お互いのハッピーにつながります。

今回も、たくさんの褒め言葉を下さった入居者様に、長く住んでほしいと思い、予定になかった家具や照明を設備として残すことにしました。

このメンバーは、完全に役割分担で行ってきました。利益だって3等分です。

仲間との意見調整はスカイプとメールです。みなさんまかせることが上手だし、お互いに得意な分野も被っていなかったのでトラブルはありませんでした。

共同事業がうまくいっている理由として、お互いの生活圏に距離があったこと。それにみなさん別の本業があります。だからこそ、「やってみようよ！」というちょっと気軽な感覚なのがよかったのでしょう。

この物件は最終的に住人が退去するタイミングで投資家が購入してくれました。

こうして、物件を買って直して、賃貸に出して売却をするまで、全て一通り東京でやりました。人の力を借りるのも大切なことだし楽しかったです。

まとめ

新しいことを試すときに、同業者ばかり集まる必要はない。お店をやっている人が、新商品を開発するとき、他業種の人を集めて知恵を絞った方がアイディアも出る。

自分が知らない分野の人とディスカッションすることで、それまで不可能だとあきらめていたことも「できる!」と思えてくるメリットがある。最近は人それぞれの特徴を活かした共同ビジネスが多い。

3章

これからの不動産事業はこれ！

みんながうれしい物件再生事業・店舗開業プロデュース

古い家を甦らせるプロとなった、うっちゃん。ただ家を売るのではなくて「欲しかった暮らしを見つける」お手伝いを行っています。いまどき風に言えばライフスタイルを提案する。でしょうか。更に、いまどきなので、耐震も断熱も提案&施工します。そして、地元である四国の高松を舞台に、ビジネスで夢を叶えたり、コミュニティをつくるという、これまでの既成概念を突き破ったプロジェクトを進めてきました。

パート3では、店舗プロデュースから、改めての関東プロジェクト、これから進めていくマンション一棟丸ごと再生分譲プロジェクトといった不動産投資・賃貸経営の枠組みから飛び出した、わくわくするようなビジネス展開の一部を紹介します。

ただの不動産投資ではなく、その先の建物や店舗のブランディング、既成概念にとらわれない新しい「住まい」の形を知ってください。

プロジェクト①店舗プロデュース

うっちゃん流行列のできる店のつくり方

四国の高松では、店舗のプロデュースもしています。ひだまり不動産へ「店舗を借りたいです」「部屋を借りたいです」と相談に来られる方がたくさんいらっしゃいます。部屋を借りたい人には、そのまま空いている物件を紹介します。テナントで借りたいという人には、新規開業でわからないことがあれば私たちがアドバイスをします。「まずはショップカードが必要ですよ！」からはじまり、開業までエスコートします。それは私一人ではできません。楽しみながら協力してくれる、「うっちゃんチーム」ができています。紹介する物件は、基本的には自社物件です。

開業支援でお金をいただいていませんが、テナントさんから工事依頼を請けますし、月々のお家賃をいただきます。つまり、開業に成功してもらうことが、双方のために一番なのです。

今、テナントの8割くらいは小さな商いの新規開業の人たちです。

一般的には飲食業の新規開業は大変難しいイメージを抱きますが、みなさん繁盛されています。地元の飲食のブロガーさんが、〝繁盛店請け負い不動産屋〟と書いてくれました。

店舗プロデュースに関しては、特別にアピールしていたわけではありません。HPと、ひだまり不動産の看板で知ってくれます。狭いエリアですから、訪れたお店が「あ、ちょっとステキだな！」と思ったら、それが、ひだまり不動産の物件だった・・・みたいな感じです。

物件には印象に残る個性的な看板を張っています。借りてもらっているテナントが繁盛すればするほど、その看板によって、ひだまり不動産も知られていきます。

ここに至るまで10年経ちますが、「うっちゃんだから、できた」ということではなくて、ある程度の規模の地方都市だと誰でもできるんじゃないかと思います。

テナントと住居の違いとは?

店舗プロデュースは5年前からスタートしました。きっかけは、ひだまり不動産の買取物件で、テナントが付いている物件が舞い込んできたことです。

そもそも価格の安い物件というのは、一般の個人投資家にとっては難しい物件である場合が多いです。

くわえてテナント付の物件は普通の住居に比べて難しいと言われます。とにかく借りてもらわないと、ビジネスになりません。

それぞれのプロのアドバイスで、テナントさんが成功するお手伝いをしながら、コツコツと1戸ずつ増えてきました。

そうして、また店舗物件が持ち込まれたので買ってと、それの繰り返しを5年くらい続けています。

○物件概要
美容室White Room
平成24年7月購入
昭和45年9月築
鉄骨コンクリートブロック造4階建て
取得費約800万円
工事費テナント負担
表面利回り21%

1階が店舗で上が住居という物件が多いですが、すべてテナントの物件もあります。右ページの美容室は元倉庫でした。1～2階が店舗で3階が自宅のケースで1棟丸ごと貸し出すタイプの物件が4件ほどあります。

住居とテナントの違いは、住居の内装は大家さんが行いますが、テナントは入居者が行います。

いってみれば、改装費を自分持ちで行ってくれるのですから、ありがたいことです。広さによってはリフォーム工事に1000万円以上をかけているわけですから、やはり簡単に失敗されては困ります。

彼らができるだけ運営をしやすいように、家賃は極力抑えています。店舗と住居で1棟丸ごと貸し出している場合は、通常よりも2～3割は安いと思います。

美容院が多いですが、まだ小さなお子さんがいる家族で、店舗の上に住まわれている物件が4事例あります。

新規開業が成功する秘密

基本的に、ひだまり不動産の所有物件は、目抜き通りではありません。ちょっと路地裏に引っ込んでいたりするヘンな場所。いわゆる一等地ではないのです。

オープンするのは新規開業がほとんどです。1軒目から大きなお店を開く人はほとんどいません。最初は小さな店からスタートです。

ですからケーキ屋にしても1日に作れる量は限られています。並べるショーケースだって大きな人気店に負けます。

それなら「あなたの個性をもっと出しましょうよ。逆にお客さんの方が探してきてくれるようなお店にした方がいいですよね、となると、極端にいえばお店の場所なんてどこでもいいじゃない？」とアドバイスします。

その人の人生の、全てではないけれど、半分くらい背負ってやるわけですから、私も責任を感じてやっています。

ただし、店舗のイメージは大切にします。すべてのショップに、デザイナーが入っているので、どこよりもカッコいいと思えるような物件にします。

通常は、賃貸物件は不動産屋に行き、工事は設計事務所や工務店に行きます。物件も工事も一緒に提案できる・・・つまりワンストップでサービスを提供できることが同業他社と違うところです。

ショップカードなどのデザインは、ひだまり不動産でお世話になっている会社をご紹介しています。

安くはないので全員が頼むわけではありませんが、お店のロゴマーク、看板、ショップカードは大事だと思います。

HPも紹介していますが、今ならfacebookです。「すぐにFBページをつくりましょう!」とおすすめしています。「今から物件を探します!」と書き込むところからが集客です。これは「ストーリーマーケティング」というそうです。まさしく宣伝媒体を立ち上げるところから集客につながります。

店舗の内装は、その店主の個性・業種・物件の場所・建物などすべてをデザイナーが汲み取って提案しています。

とにかくデザインの能力が飛びぬけています。2人のデザイナーがいて、店主が選ぶ場合もあるし、私がおすすめするケースも多いです。
市内に事例が沢山あるので、ほとんどの店舗物件を見てデザイナーも指名してくる方も多いです。となると、この業界では一般的な相見積もりもありません。

これまで場所を代えたり、合併によって引上げるケースはありましたが、実績として倒産はありません。しかし、次の入居者は内装費に何百万円もかけた店舗へ入れるのですからお得です。それで、今回テナントの入れ替わりがあったときは、家賃を少しだけ上げさせてもらいました。

今入居している人は違いますが、このような内装済みの店舗に「空いたら入ってやろう！」と企んでいる人も、中にはいるかもしれません。

しかし、そういう意識ではじめると失敗しがちです。「リフォーム費が浮いてラッキー！」と喜んでいる人は安易にビジネスをはじめているからです。

テナントさんの中には、1500万円もかけて美容室と自宅を改装されている方もいます、このような覚悟を決めてやっている人は、ビジネスも生活面でも計画性があり失敗しません。

実際に2店舗目を依頼されて、「ひだまり不動産」で買取して2店舗目を開店、2年後に3店舗目まで依頼されました。いいね！

このように、ほとんど、みなさんゼロベースからスタートして、何百万円、多い人なら1000万円以上はリノベーションにお金をかけています。

自己資金はある程度貯めていて、ほとんどの人が公庫から借りています。

事業計画まで付き合うことはありませんが「どんなことを書くのですか？」と聞かれたら「今までの人はこんなことを書いていましたよ」というアドバイスをしています。

「うっちゃんチーム」のビジネス合宿とは？

ひだまり不動産とデザイン会社など地元のたくさんのチームがいて、店舗開業を夢見る人たちをバックアップする体制が整いつつあります。

合宿は冗談からはじまりました。夜を徹してしゃべります。ある程度の時間を共有するのが目的です。私に対して言いにくいこともあるでしょうし。

準備すべき初期費用、テナント賃料をはじめランニングコストの計算といった基本的な収支計画のことから、なによりも大事な集客について。集客に必要なブランディ

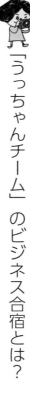

ング戦略を中心に、店舗経営のノウハウについてお伝えしています。

たとえば「かき氷屋」をはじめたい人がいたら、行ける限りのかき氷屋に行って、食べて、率直な意見を交わしあいます。たまには一般消費者からの目線も必要です。

この合宿にはマニュアルやコースなどなく、夜を徹して夢を話し合うだけです。今はほとんどサービスで、みなさん楽しんで手伝ってくれています。

最初から、このような形ではありませんでした。1人1人の「困ったな～」を解決するにはどうしたらいいかと取り組んできた結果です。

うっちゃんの開業プロデュース事例

ここからは、私が開業プロデュースを手掛けたテナントを紹介します。まだまだ事例はたくさんありますが、わかりやすいものを選んで、いくつかご紹介していきます。

事例1 美容室

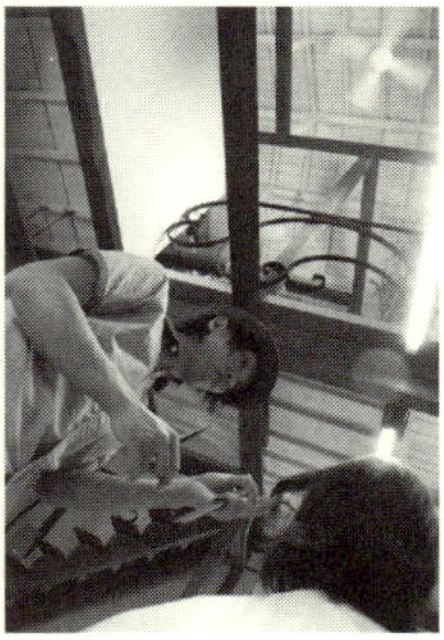

〇物件概要
SECRETE BASE
平成21年9月購入
昭和48年7月築／木造戸建て
購入価格約600万円／工事費　外装約400万円
内装テナント負担
表面利回り11%

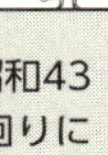

うっちゃんのコメント

記念すべきリノベーションショッププロジェクトの1軒目です。昭和43年の建物だから築45年は経っています。これは勉強だと思って利回りに関係なくリフォームしました。

ひだまり不動産では美容室を何店舗も手掛けていますが、こちらは記念すべき1店舗目です。店舗リノベーションもまったくはじめてでした。

この美容師さんは、私が開業支援プロジェクトをはじめたところへ応募してきれました。

ここは38平米の小さな可愛い美容室です。1人でやっていますが、完全予約制で仕事を丁寧にやっていきたいそうです。

5年前の春「店舗にしたらおもしろいな！」と思っていた戸建ての物件がありました。

美容師さんにはまだ物件を買ってもいないのに「キレイに直したら入ってくれますか？」と案内したところ、「じゃあ借ります！」とお返事いただきまして、「じゃあ物件を買います！」となりました。これは珍しいパターンです。

古いボロ家でしたが、エリア的にはかなりいい場所にありました。

美容師さんはそれまで修行をしてきて、はじめて一人立ちするタイミングでした。前の職場を辞めていますから、やるとなったら早くとりかからないといけません。それから1・5ヶ月くらい超突貫で工事をしました。

このときのコンセプトは「隠れ家」です。また、この店舗の成功ポイントを振り返ると、デザイナー主導で進める方がいい結果を生んでいる気がしました。

「どんなイメージが好き？」と確認しましたが、店舗経営がはじめてでは、漠然としてわからないものです。みんなカッコいいものが好きですが、では「具体的にどんなのが？」と質問したら答えが出てきません。

壁の色など大事なところは必ず塗る前に現場で確認をしています。その他の部分は下手にお客さんの細かい意見を聞かない方が、結果的にはよい仕上がりになります。

それ以外は導線が重要と考えています。住居の場合は、生活導線ですが、店舗には店舗の導線があります。

私にとっても美容師さんにとっても、はじめての店でうまくいくか心配だったのですが、見事に成功されました。

内装費用のために日本生活金融公庫から借入をしているのですが、２０１５年6月に終わったそうです。お祝いに家賃を1万円下げたところ、「そんな大家さんいませんよ！」とすごく喜んでくれました。

二人の娘も開業時から通っていて、娘にとっては親でもなく、友達でもなく第三者的立場でなんでも相談ができ、意見を貰える兄貴的存在なんだそうです。

娘にそんな風に接してくれて、親として純粋に「ありがとう！」と言いたいです。

事例2 美容室

○物件概要
アトリエリード
1棟目
平成22年5月購入
昭和60年11月築
RC3階建て
取得費1500万円
工事費　内装テナント負担
利回り16%

○物件概要
2棟目
平成25年12月購入
昭和42年3月築／鉄骨3階建て
物件取得費1000万円／工事費　内装テナント負担
表面利回り15%

うっちゃんのコメント

リフォーム費用は先方持ち。投資として考えるとすごく効率がいいです。1500万円もかけて出られたとしても、このグレードならすぐ借り手がつきます。もっとも退去されることは考えてはいません。なによりご商売を続けてくれることが一番です。

２０１１年に独立開業する美容師さんへ１棟を貸しました。１階と2階を美容室に変えて、３階が住まいです。その人は「5年後にもう1店増やしますからね！」と宣言しましたが、それが早まり２０１４年に実現しました。

はじめて美容室をやるという、その人に私が聞いたのは「お金いくらありますか?」ということです。破れたジーパンをはいたオーナーは「あまり持っていません」そう答えます。でも、私は外見で人を判断しません。

美容師さんには個性的な人が多いからです。私は知らなかったのですが、当時に勤めていた美容室ではカリスマと呼ばれ、業界でも有名な人だったそうです。

自ら開業するにあたり「どの場所にしたらいいですかね?」と聞かれたので、「どこでも同じですよ。実力でお客様を引っ張ってこないと。今、私が紹介できるのはこの物件だけです！」

たまたまですが、彼の土地勘がある場所だったらしく即決してくれました。資金はあまりなかったけれど、親族が保証人になってくれたおかげで日本政策金融公庫から借りられ、無事にリノベーションができました。

コンセプトは1階と2階で客層が分かれるようにお店のイメージを変えてあります。

1階がシックなイメージで、2階は子ども連れも歓迎するようなデザインです。3階は結婚するタイミングということで、2人の住まいになりました。

カリスマ美容師と美容師である奥さん、それとスタッフの3人でスタートしました。大通りに面した立地もあり、これが大繁盛します。5年以内に計画していたのが1年早まり、もう1店舗を増やしました。


場所は最初のお店と、通りを挟んだ近所です。場所は現在店のある通りか、菊池寛通りと指定があり、しかも物件を探すのに、2ヶ月しか余裕がありませんでした。たまたま偶然にも見つかりはしましたが・・・しかし、これが誰もが知っている物件でした。「変な噂を立てられるかもしれませんが大丈夫ですか？」と確認すると「いいですよ、逆にネタにしますからお願いします！」とのこと。

というのも、元の所有者があっち系。貸金業をやっていったビルで、地元の人なら誰でも知っていて、通常なら手を出しにくい物件です。

外から入れないけれど中からは出られる、そんな常識外れの改装を何度も繰り返していました。そのおかげで解体費用が通常の1・5倍もかかっています。

それが今では全くイメージが変わりました。あらためて「リノベーションって素晴らしいな!」と痛感した物件です。

新しい店はスタッフが2~3人増えるため「早く探してください!」と頼まれました。そのときは2人目のお子さんが産まれる予定でした。

新しいビルでは、2階の半分と3階を自宅にしました。前の自宅部分をスタッフルームに入れ替えています。

お店のイメージは、デザイナーが決めました。床はヘリンボン張りにしたので、時間も金額も通常の3~4倍はかかります。

壁はポーターズペイントでブルーに塗り、すごく印象的な仕上がりとなりました。自宅もショールームのようにカッコよく、友だちが遊びに来たらビックリするくらいステキです。ここは1棟丸ごと賃貸です。

屋上も助成金の100万円を使って緑化しました。

「2年後にもう1棟いきます!」と意気込んでいます。彼はやると決めたら細かいことに口出しせず「金額をここまでで抑えてくださいね」としか言いません。見習うところが沢山あり、応援したくなる人柄です。

事例3 カフェ

○物件概要
まんまカフェ
平成17年6月購入
昭和46年11月築
木造アパート2階建ての1室
取得費隣接するマンションと同一敷地内
セットで購入
工事費　内装テナント負担
表面利回り約20%
（セット購入のため概算）

うっちゃんのコメント

事務所があるアパートの1室にあるカフェです。「まんま」とは、その名のとおりご飯です。これは、ひだまり不動産でなく関連会社が所有しています。購入は10年前になります。

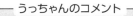

このお店も新規でした。ご主人の定年退職を機に、管理栄養士だった奥さんが「これから2人で10年やっていけることを！」ということでスタートされました。

最初は物件を探す作業も一緒にやっていましたが、なかなか「これ！」という物件がみつかりませんでした。


そうこうしているうちに、ひだまり不動産の事務所があるアパートの端っこが空いたので「あれ、ここおもしろいんじゃない？」とおすすめしてみると、あれだけ悩んでいたのがウソのように決めてもらえました。

場所はちょっと入り込んでいるため誰も気がつきません。私とデザイナーは「それが逆に面白いよね！」と価値を見出していましたが「こんな場所でカフェなんかやって流行るの？」と冷ややかな目もあったのは事実です。


ある経営者など、毎日ここの日替わりメニューを求め外車で駆けつけます。そんな人が3人ほどいるでしょうか。

「私は単身赴任ですが、妻から〝まんまカフェで食べてね〟と言われます。もちろん美味しいので来ているんですよ！」だそうです。

ここへ1食だけでも通えば、朝はパンとコーヒーだけでもいい。管理栄養士の資格がある奥さんが、野菜をメインに栄養バランスの摂れた美味しいお料理を提供しています。

奥さんが毎日メニューを考えて作り、ご主人はコーヒーを入れて接客しているお店です。ご年配のお客様から若い子たちにも人気があり年齢を選びません。

ご主人は機械メーカーの営業をされていたので飲食店とは畑違い。お店は表通りではなく、少し引っ込んだ場所にあることに対して、「あまりお客様に来ていただいても対応できないからこれくらいがいい」とのことでした。最初は畑違いすぎて、ちょっと不安な再スタートでしたが今はすごく人気があります。20席くらいの小規模なお店ですが、今では、連日40人ほどの集客があります。トータルで200〜300人のお客様がいるわけです。

その流れで同じアパートに入居している別の部屋のテナントにも来てくださいます。一階の東端にある6号室ではかき氷屋もあります。

かき氷屋さんはひだまり不動産が経営している夏だけのお祭です。ひらめきで2年前の夏に突如現れた懐かしい感じのかき氷屋をやりました。

それが大好評で、周りから「またやらないの?」と声があがりました。「あれは大変なんだけどな〜」と思いながらも、今年は、ひだまり不動産の事務所の隣りにスペースが空いたので、格安家賃のアパートの一室で営業しました（関連会社なので、安いながらも家賃は払ってます）。

カキ氷のシロップはテナントにケーキ屋さんが3店舗あり、そのケーキ屋さんから提供してもらっています。

当たり前ですが、プロなので、本格的で完成度が高くすごく美味しいです。ケーキ屋は、夏場ですと少し暇なこともありますが、かき氷が売れることで3店舗のケーキ屋の宣伝にもつながればという想いもあります。

料金は平均1杯800円いただいておりますが、瀬戸内の果物にこだわっているので原価もそれなりにします。苺やトマトは隣町産、レモンは減農薬でワックスをかけてないものと各店こだわりがあります。店長は孫のそうさんです。

この店長はすぐ風邪をひいて休みます（笑）。どんなに忙しくても子供と猫の手は借りてはいけません。

ひだまりアパートメント5号室に事務所があり、1号室に「まんまカフェ」、2号室

に夫婦で営む美容室「Billow&牛田商店」、6号室にひだまりかき氷スタンド&写真館。2階にはお洒落なろうそく屋「hoho」が入っています。

最初は事務所だけであとは普通の住居でした。お婆ちゃんが3人住んでいた、どこにでもありそうな古いアパートでした。少しだけ奥まっていますが場所は悪くありません。みなさんがよく見かける店舗という感じではありませんでした。

それが、「まんまカフェ」がオープンしてから、お客様の導線になりました。うちのような個人でやっている小さな不動産屋を目指してくる人なんて1日に1人か2人でした。

それが今ではどうでしょう。連日いろん

な人が足を運んでくださるようになることで認知度が高まりました。

今のひだまりアパートメントには、たくさんのお店が元気いっぱい営業しています。街中にありながら、ここだけちょっと異空間な感じが大好きです。

もう一つ忘れてならないのがコミュニティのあり方です。

ここの敷地面積は隣接する「川東菓子店」と月極め駐車場を合わせると約900坪あります。いつの頃からか、アパートに入居している「おばちゃん」が掃除を一手に引き受けてくれるようになりました。

ごみ収集車が取り残した小さなゴミもタイムリーに掃除してくれることで、気持ちよく暮らすことができます。同じ敷地内に住んでいるからこそできる入居者サービスです。改めて、ありがとう。

事例4・5・6 ケーキ屋さん

○物件概要
スリール サロン・ド・テ
平成24年7月購入
昭和56年11月築
RC3階建て 1階テナント2～3階アパート
取得費用約670万円
内装費1階テナント負担 2～3階350万円
表面利回り20%

○物件概要
川東菓子店
平成25年7月購入
昭和60年築／木造戸建て
取得費用　隣地駐車場併せて購入
内装費テナント負担
表面利回り　隣地セット購入のため不明

うっちゃんのコメント

たまたまなのですが、自転車で行ける距離に、「スリール　サロン・ド・テ」「川東菓子店」「ルタンデスリーズ」の3店舗のケーキ屋テナントを所有しています。

「近い場所に3店舗もあってどうなの？」とよく聞かれますが、それぞれ個性があるので、食べ比べてもらってお気に入りを見つける・・・みたいな感じで競合していません。

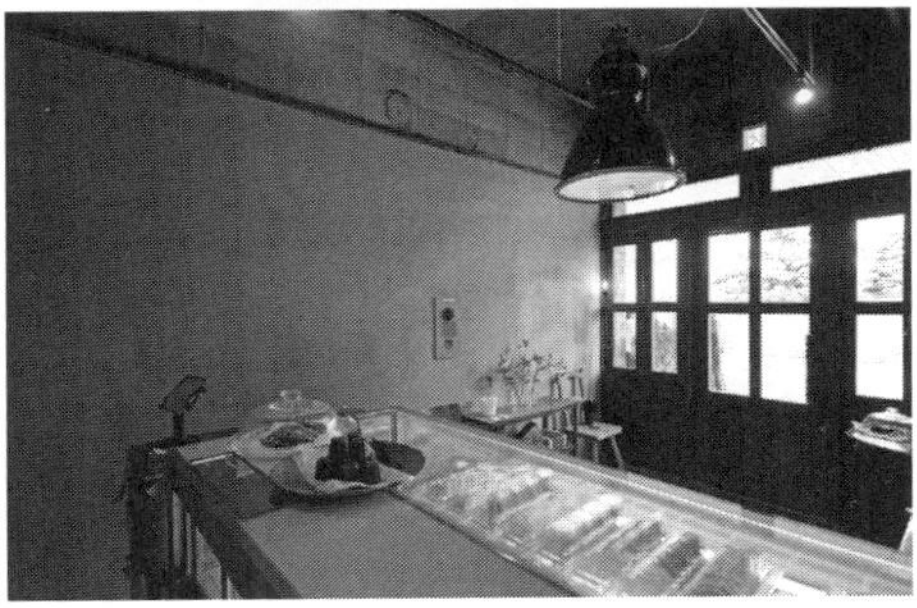

○物件概要
ルタンデスリーズ
平成24年12月購入
昭和54年8月築
RC4階建て　1階2テナント
　　　　　　2～4階6室アパート
取得費用800万円
内装費用1階テナント負担　2～4階1400万円
表面利回り24%

仲の良い姉妹が営む、イートインもできる小さなケーキ屋さん、「スリール　サロン・ド・テ」。平成25年10月二人の夢をいっぱい詰め込んでオープンしました。

元は90歳のおばあちゃんが営む喫茶店でした。とても90歳には見えません。生涯現役で好きなことをしていると若くいられるのですね。この店のビフォー・アフターには誰もが目を見張ります。

ひだまり不動産の事務所の入っているアパートの目の前には、24室のマンションがあり、1階にもいくつか店が入っています。このマンションとアパートでプチ商店街とまでいきませんが、個性のあるお店が集まれば楽しいだろうなと考えています。同じ敷地内に戸建てのケーキ屋さんも入っています。50台入る駐車場も同じ敷地内にあり、全体で集客ができます。「え、こんな場所にこんなのがあったの!?」という面白さです。

「神戸から引っ越してきて、高松には神戸より美味しいお店なんてないと思っていたらあった。嬉しい!」とクチコミサイトにありました。このケーキ屋さんも新規開業です。

孫のそうさんと同じ保育所に一歳から通っている幼馴染のはなちゃんもいます。

「ルタンデスリーズ」はサクランボの咲く頃という意味で、平成27年2月にオープンしました。

さすがに3店舗目の時は、他の2店舗のケーキ屋に「近くに3店舗目ケーキ屋できるけど、かまんかなぁ？」と聞きました。2軒ともに「全然ええですよ」と快諾いただきました。


ここのシェフは、フレンチの店のデザート担当ということで、何もかもが個性的で異色な存在。お酒を使ったお菓子が得意です。

今回、かき氷屋を再オープンさせることになって、この3店舗のケーキ屋に「瀬戸内の果物」にこだわった、かき氷のシロップを作ってもらいました。何度か試食で顔を合わすことで意気投合しました。

来年1月にリノベーションの視察でフランスに行くことが決まっていて、その話をしていると「俺も行きたい！」「よっしゃ！　他の2店舗にも声掛けてみるね」と意気投合してリノベーションチームとケーキ屋チームと総勢9人でフランスの旅に出ることになりました。こんなんあり？　これはひだまりチームならでは。ふふふっ。

みんなが繁盛していくことが大事！

私はサラリーマン＆個人投資家をやって、不動産屋を開業して、今は開業プロデュースもしています。

経営で大事なことは、物件を買い取る目利きと集客、そしてデザイン。これらをトータルで考えます。どういう人を集客するか？　やはりブランディングは重要です。

不動産投資では「店舗物件は難しいからやめておけ！」と言われますが、ブランディングする力は1戸ずつの訓練です。やりながら自分の中でノウハウが確立されました。

1店舗ずつ積み上げていくうちに、「自分もあんなステキな店にしたい！」という人が現われるようになりました。問い合わせはほぼ100％ホームページからです。

入居者から見て「自分もあんな風に暮らしてみたい！」というのが、ライフスタイルの提案です。店舗であれば「こんなお店を持ちたい！」ということでしょうか。

「住まい」は選んでもらって、そのまま住んでいただければいいですが、お店は経営ができなくてはいけませんから。

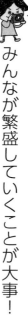

やはり、入居者にも喜んでもらえる、みんなが繁盛していくことが大事だと考えています。これからも不動産を通じて、人の暮らしに関わっていきたいと望みます。

まとめ

店舗＋住居、店舗＋アパート。テナントの組合せたリノベーション賃貸物件。すべて狙ってやったわけではなく、偶然所有することになったテナントのある物件をなんとか満室にするべく動いてきたら、たまたまこうなった・・・そんな感じです。

杓子定規に考えないで、その場、その人によって、臨機応変に対応することが大切。人には相性がありますから、そこも大切。

「こんな部屋に住みたい」「こんなお店を持ちたい」を実現したら、みんながハッピーになりました！

プロジェクト② 賃貸マンション一棟まるごと再生

塗装が体験できるシェア型マンションで都会暮らしを実現！

○物件概要
RENOWA-SAGINUMA
平成26年6月購入
昭和47年7月築
RCマンション　3階建て（1LDK×9室　内1テナント）
取得費　非公開
工事費　3600万円

たまたま個人所有で一番大きな物件を売却していたので資金がありました。いつものように地元高松で次の物件を買おうと探していたら、主人が「オリンピックを生で見たいなあ！」と呟いたのです。

そこで、このタイミングで「東京でも物件を買っておこう！」と決めました。そのころはまた孫も産まれているかもしれないし、おそらく一緒に観戦したいと思ったのかもしれません。

そんなわけで、東京で物件を探していました。

代々木に知り合いがいて、代々木村構想に参加したかったけれど、ここは地価も高すぎて自分の住むイメージが沸きませんでした。

そこへリノベーションの塾生から「難があるけれど面白い物件がありますよ！」と、神奈川県川崎市にある物件を紹介してもらいました。

写真を見た瞬間に「いいじゃない！」と惚れました。渋谷まで電車で20分、車で移動ができて「ここなら暮らせる！」と思いました。

2014年の6月に物件情報を知りました。そして購入して6ヶ月間かけてリノベーションを行いました。

この物件を一目見て気に入った理由、それはなんといっても私はRCが、古い鉄筋コンクリートが好きだからです。

42㎡から32㎡の部屋が9世帯あり、敷地内に庭のある物件は高松にもなく、これが初めてでした。地方で買っている物件からすると、金額的には大きい規模です。

現状はボロボロでしたが、イメージしていた通りの物件で、大きさもせめてこれくらいの規模は欲しいと思っていました。

自分好みの壁面塗装が楽しめる

コンセプトは「自分らしく住む」「つながる」です。私自身も一室を自宅兼事務所として使います。
それぞれが、このマンションから情報発信してくれる人、SOHOみたいなスタイルで住んでくれる人が望ましいと考えました。建物名は「RENOWA-SAGINUMA」と名付けました。リノベーションの和という意味です
3階建ての9室で1フロアに3室あります。1階は1部屋をコミュニティルームに

しています。そして、コミュニティルームの横が私の部屋です。1階には構造設計の事務所も入るため、募集をするのは2階・3階の6部屋です。

広々としたワンルームで、造作の棚やカーテンで間仕切りすることができて、1LDKとしても使うことができます。

壁も柱もむき出しの状態ですが、入居者に壁面を一面、オーストラリア製の塗料ポーターズペイントで塗ることができます。

今は賃貸でも、自分の物件をリノベーションできる部屋があります。そういう部屋ばかりを紹介したサイトもあります。実際、塗装は楽しいし比較的簡単に行えます。自然素材のポータズペイントは色もかわいく、自分で塗ると愛着がわいて長く住んでくれるだろうと思いました。

オーストラリアの塗料は、色合いが絶妙に素晴らしく優しい感じの色です。塗ると刷毛目（はけめ）が見えます。

これまで、いろいろなリノベーション物件に使っていますが、かなり高額ではありますが、仕上がりが非常によくて気に入っています。

ここに住む人は壁1面に塗っています。このように色を選べるようにしたのは今回が初めてです。色は豊富にありますが、デザイナーが用意した5色から好みで選べる

ようにしました。
賃貸の募集を開始したのは2015年の2月からです。いつもは自社で客付けしていましたが、今回は勝手が違います。1社に頼むのか、多方面に頼むべきか久しぶりに悩みました。
結果、同じ沿線の不動産会社に絞りお願いしました。2～4月にかけての繁忙期で埋まりましたが、不動産会社からは「繁忙期は関係ない」と言われました。
このような物件を選ぶ人たちは、バタバタと余裕のない人ではなく「ゆっくり選びたい！」というタイプです。実際には入居者はサラリーマンもいれば、フリーランスもいます。

第1章でも先述しましたが、入居して5ヶ月後の今年の8月、全員そろっての入居者顔合わせを兼ねてうどん県「香川県」の食材を集めて「ざるうどんの会」を催しました。

地元と勝手が違ってどきどきしましたが、みんないい人で楽しい時間を共有できました。

庭には県木のオリーブなどを植えていますが、今年の夏は格段に暑く、「植木、大丈夫かな?」と心配していたら、入居者の方が水やりしてくれていました。ほんと！ありがとう！

あなたの起業の応援をはじめます！

1階の設計事務所は高松で最初の賃貸からずっと借りてくれた人たちです。一昨年にひだまり不動産の売り物件を買ってくれました。それをリノベーションし、自社物件として新たなスタートを切りました。

そして2年後に私が上京するとき「じゃあ僕も行こう！」と一緒に出てきてくれま

した。

そのとき思ったのですが、我が子が一人立ちするとき「どこに部屋を借りようか？」と悩むのが親心というものです。

そんな心情で、地方から上京して事務所やお店を開く人へアドバイスができたらいいなと思ったのです。

私自身、7年前に「リノベ塾」を主宰したときも定期的に上京していましたが、当時のホテル暮らし時代と、今こうして拠点を構えているのを比べると、同じ関東に住んでいても感覚が全くちがいます。

その体験を得たので、これから上京してくる人にアドバイスできると気づきました。そのためにもこのエリアのことを体で知るため、美味しいものを食べ、ステキな場所に出かけたり、2拠点生活を楽しみたいと思うのです。


私も、「リノベ塾」のために上京したばかりのころは「やろうと思ったら何でもできる！」と血気盛んでした。

ところが、この鷺沼の地に住みながら、半年も経つと「この大都会で、こんなに資本がいっぱいある会社が山ほどある中で、枯葉のような存在の私がどうやって戦っていけばいいのだろう?」と不安になったものです。

誰一人知っている人がいない中で、大きな決断を迫られた時の不安な気持ちは、ホテル暮らしのころは思いもしなかったのに、いざ根を下ろして生活してみると気づかされることが多くありました。

また、東京でホテル暮らしの生活は、あくまでお客さんという立場で「高松からやってきたよ!」という感覚が抜けませんでした。

そこは7年経っても全く気づかない部分です。それが実際に住んでみて、初めて地方から出てくる人の気持ちが共有できたのです。

たとえば、上京して「ここで店をはじめよう!」と決めたとしても、地元ではないから「工事はどうする?」という悩みは必ずつきまといます。

東京は物も人も情報も溢れていて、取捨選択が難しく感じます。そこで、ガイド役として、事務所・店舗・住まい・・・。

私がそのお手伝いをできたらと思います。

シェアルームで、これからざるうどんの会など、どんどん交流会イベントをやっていく予定ですが、勉強会も開催しようと思っています。

ここから東京で起業したい人を募ります。高松では、ひだまり不動産のテナントで新規開業された方へ、私たちが培ってきたノウハウを提供していきました。

そして、たくさんの店舗が成功されました。そのノウハウが、これから関東エリアでどこまで通用するのか未知数ですが、精一杯お手伝いさせていただきたいと思います。

まとめ

「自然豊かで食べ物もおいしい高松と刺激いっぱいの関東での2拠点生活を実現する」

という、私の中では「そうは言いながら、そんな簡単に実現するはずがない」と、思っていた夢の一つが、思いはじめてから1年ちょっとで実現してしまいました。

今は東京に住んでいるサラリーマンの二女と毎月「合宿」と称して仕事を終えた金曜日の夜に集合しておいしいものを食べます。

起業で夢を叶えたい二女の相談にのり、親として？ 師匠として？ アドバイスすることで、何年か先には夢の実現に繋げていきます。不動産で起業したい人、地方から上京して起業したい人の応援ができるようになればいいですね。

プロジェクト③
一棟丸ごと中古マンション再生

古くて買い手のつかないボロマンションを緑溢れる「みんなの家」に

○物件概要
RENOWA-YASHIMA
平成26年10月購入
昭和59年3月築
RCマンション　3階建て（3DK×15室）
工事費　未定

このプロジェクトのスタートは２０１４年10月に物件を購入したところからはじまります。団地のような建物で３階建ての15世帯、普通の賃貸物件を購入しました。入居しているのは３戸だけで、購入したあと直ぐに一室退去となり、入居しているのは2室のみ、あとは空室です。

不動産仲介からの提示額は４５００万円だったかと思います。数年前までこのエリアに住んでいたし賃貸物件も所有していますので、この場所での賃貸の厳しさは身をもって知っています。

「このエリアでファミリータイプを常に満室にするのは厳しいので止めておきます」と返事しましたが「そこをなんとか」と再交渉されて、大幅な値引きで買いました。相続税のからみで、急いで売らなくてはいけない事情があったようです。そのときは購入した後にどうするのか、具体的に何も考えていませんでした。

塩田の埋め立て跡地で、周辺には市営住宅や公団もあり、マンション数がどこよりも多いのです。分譲マンションも賃貸マンションもたくさんあります。空室率は恐ろしいことになっています。入らなくても痛くも痒くもない人たちが沢山いる中で、戦うことは無謀です。少し前は人気エリアで土地値もそれなりに高かったのに、今は一気に値下がりしています。

くわえて建物は築30年オーバーで、15世帯はすべてリフォームが必要でした。そのためには資金が多額にかかります。購入してしまったものの、一体どうしたものかと思考がストップしました。


結論を出したのは、購入してから1ヶ月後のことでした。やはり、このまま所有して賃貸として貸すという選択肢はありません、するともう売るしかありません。「でも、この古くて大きな賃貸物件をどうやって売るのだろう？」そう自問自答しました。

リフォームは必要ですが躯体はしっかりしています。よく見れば、所有しているどの物件よりも痛みも少なく、室内はもとより外観や広大な敷地もリノベーションで蘇る予感がします。

そういえば、普通の賃貸マンションを区分登記しなおして販売できるケースの話を思い出しました。

区分登記をしなおす作業は、高くてそう簡単にできないと聞いた覚えがあります。念のため土地家屋調査士に確認すると、15室で90万円弱でした。それならやれないことはありません。「これなら区分で売れる！」とワクワクしましたが、念には念をいれて、構造上、できるのか設計士に確認したところ、偶然にも売却するにも問題のない物件だとお墨付きをもらいました。

どの物件も区分登記して売却できるわけではなく、売却に向くいくつかのポイントがあります。

さらに都合がよいことに下水の排水管が下の階を通おらず、水回りが自分の部屋で一段上がっているタイプでした。工事で他人の部屋に入らなくても直せます。

「これは一番いいパターンです。いい買い物をしましたね！」と調査報告を受け喜びました。

これまでお荷物だと思っていた物件が、ダイヤの原石のようにキラキラ輝きだしたような気がしました。

「よーし、楽しいプロジェクトができるぞ！」と、わくわくしました。そして、古びた賃貸マンションを区分で登記し直して、分譲マンションとして売ることに決めました。建物名は「RENOWA-YASHIMA」と名付けました。

1部屋は63㎡と57㎡の2タイプあり広くもありませんが、工夫でなんとかなる広さでもあります。ファミリーはもちろん、カップルや単身者まで、リノベーション好き

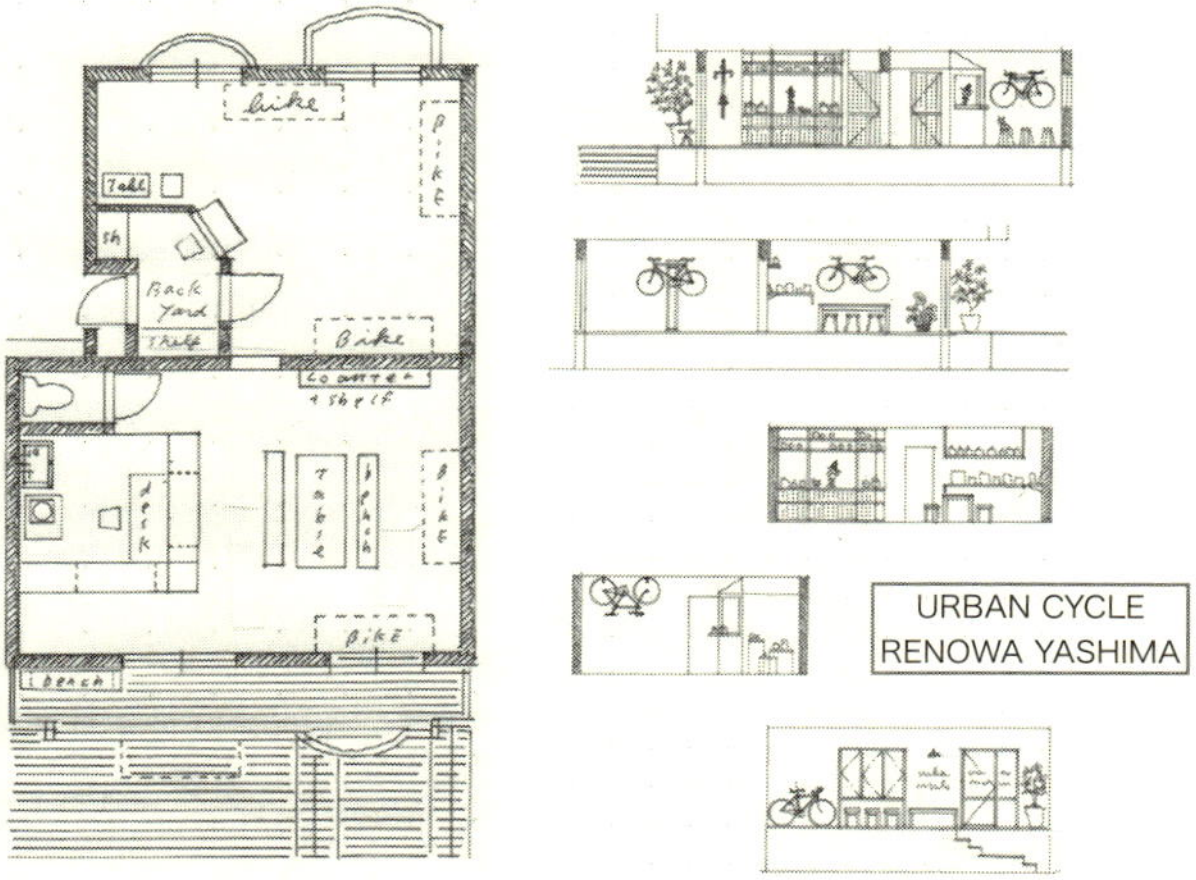

な人がターゲットです。

ひだまり不動産はリノベーションがもっとも得意です。この部屋は解体してゼロからつくり直していきます。いつも私がやっていることを全仕様でやろうと決めました。

たとえば区分マンションで自室だけをリノベーションをすることはできますが、一歩玄関を出ると、古びて平凡な外観と、リノベーションした部屋とのギャップが大きく、それが私にはつまらないと感じていました。

この物件に関しては、床材は無垢材を使い、かつ壁紙は使いません。使う材料や全体イメージはありますが、細かいところは個々で希望のリフォームが可能です。

ひだまり不動産のコンセプトは「ほしかった暮らしが見つかる」です。15人それぞれの「ほしかった暮らし」が見つけられる物件にします。

リノベーション好きが集まることで、新しいコミュニティが生まれます。それもベタベタした関係ではないコミュニティ。賃貸ではそんな環境ができていますが、それを分譲でもやれたらいいなと思いました。

そこで、共用部の庭をどういう風に使うか考えました。自然発生的にマルシェがはじまるように畑もつくります。コミュニティのスペースは、1階の端にマンション内だけでなく、外からも人がやってきて、みんなが集える、こだわりのコーヒーが飲めるコーヒースタンドが入ります。

外からお茶を飲みに来る人もいるだろうし、もちろん住人も使えます。あとはすでにネイルショップと輸入自転車ショールーム、パン屋さんが決まっています。

賃貸から区分へ、再生プロジェクトの肝は融資

これをやるにあたり、東京で同じことをやっている人にアドバイスをいただきまし

た。もっとも難しいのは住宅ローンと言われました。

そこで懇意にしている信用金庫に相談したところ、「ぜひやりましょう!」となりました。当初は簡単なリフォームローンを提案してくれたのですが、紆余曲折ありながらもフラット35Sが適用になりました。

そうなれば固定金利で35年間借りることができます。こうして融資のアレンジは信用金庫が全面的に協力してくれました。

なお、このマンションの売出し価格は500万円(税別・デザイン費別)です。そこを約500万円かけてリノベーションします(リノベーション内容と費用は、購入する人の希望により部屋ごとに異なります)。

つまり、約1000万円で夢のマイホームが手に入るのです。それも購入者の好きなデザインで提供します。こうして準備はほとんど整いました。

全体のプランができて、大規模修繕計画や管理規約や管理組合もつくりました。この部分が思った以上に大変でしたが、わからない部分は外部からの協力を得てなんとかクリアーしました。やれやれ。

まだ建物はできあがっていませんが、すでに11組の申し込みが入りローン審査も通

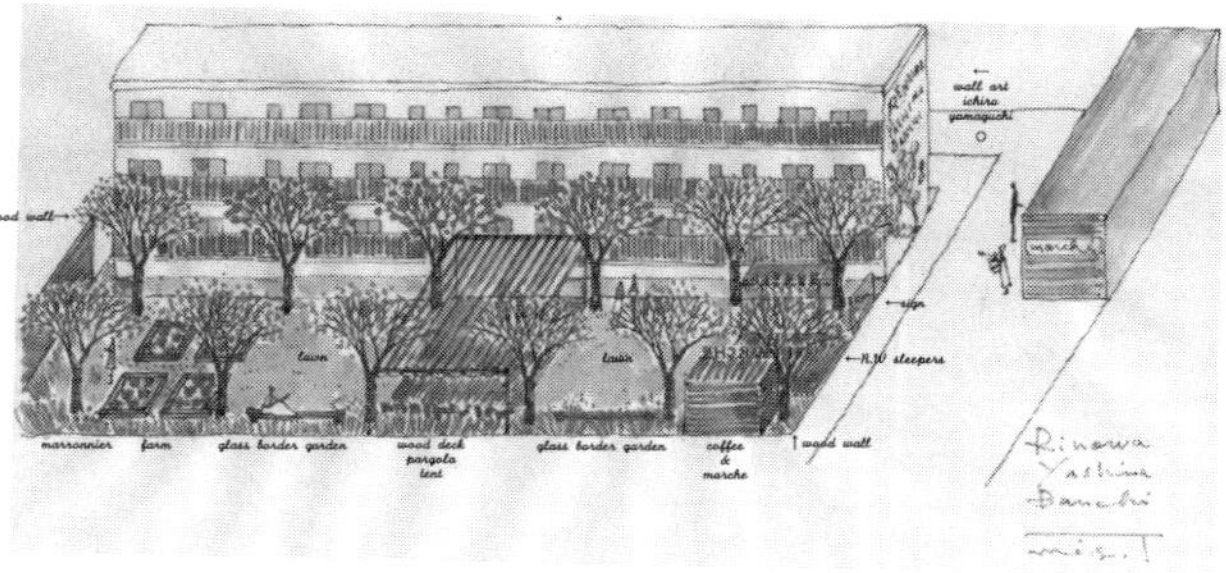

RENOWA
YASHIMA
DANCHI

りました。

世代も違うし単身者もファミリーもいますが、やはりどこか共通点があり、きっと楽しいコミュニティーが形成されると確信が持てます。いやいや、ほんまにありがとう。

このあたりは、人口密度が高いエリアです。高松という街は狭いけれど、中央通りがあり東側と西側に分かれています。互いに心理的なバリアがあるように思います。

一組の若いご夫婦は、最初は違うエリアでお探しでしたが「楽しそう」ということで、この場所を選択されました。

普通の分譲マンションなら山ほどありますが、このプロジェクトは異質で、これまでのマンションのイメージを覆すことでしょう。

外壁はまだ塗装し直す時期ではないのですが、一部配色が浮いているのでその部分のみ塗り直します。あとは屋上防水をして、外壁に絵を描きます。

たまたま縁のある画家の山口一郎さんにプランしてもらいました。

外壁や植樹ができあがるには今年いっぱいかかるでしょう。内装は先行して進められますので、入居は早くて12月からになりそうです。

もちろん4店舗も同時オープンの予定です。周辺は森のように樹を植えウッドデッキもあるので景観もずいぶん変わります。

成功が次の可能性へとつないでいく・・・

一棟丸ごと中古マンション再生分譲プロジェクトはまだ途中ですが、うまく成功すれば、地方で大きな賃貸マンションを抱えて困っている大家さん、地主さんに新しい道を示すことができると思います。

大規模修繕ができていない、内装もキレイでなくて空室だらけ。修繕費用が捻出できず、何とかしたくてもどうしたらいいかわからない。

たとえば、ファミリータイプを10室以上持っているような地主さんであれば、半分は自分で所有して賃貸に出します。そして、半分を分譲マンションとしてマイホームを求める人たちに売却するというのはどうでしょう。

私は地方に住んでいるので首都圏の融資事情に詳しくありませんが、聞いた話では緩かった融資も徐々にハードルが上がっているそうです。

今までは年収500万円程度の投資家でも1億円程度の物件まで買えていたのが、今は年収700万、800万円ないと買えないと聞きます。サラリーマン投資家の融資がつきにくいということは、売却する相手が減るということです。

とくに地方では、買える人が少ないため、土地面積が広く、ファミリータイプのような規模が大きな物件は、叩き売るしか手がありません。

そこで価値をあげて、あらたにマイホーム派の人たちに販売するのは、最良の出口に思えます。

広島県の尾道に「U2」という自転車愛好家専用にリノベーションしたホテルがあります。瀬戸内海の橋を自転車で渡ることができます。そして、このホテルは自転車のまま入れ、愛車といっしょに宿泊もできます。

すごくカッコイイ建物で地方でもこんな施設ができるとは感動ものです。

しかし平日だったせいか、私たちを含めて3組だけしか宿泊していませんでした。

世界中から自転車愛好家がやって来ますが、それも一定期間のみなのかも知れません。

それが地方と東京の差です。素晴らしいものを提供しても、お客さんが来てくれません。それが地方の現実だと痛感しました。

そういうところでやっていくにはカッコいいだけではダメで、どうやって集客するか考えることが必要です。地方ではいつもこの壁に突き当たります。


今後に関していえば、買い替えはありますが、地元で物件を莫大に増やすつもりはあまりありません。

今回のプロジェクトのように、「おもしろい！　やってみたい！」と思える物件を数は少ないけど、丁寧に手掛けたいと思っています。

そして、賃貸も分譲も同じですが、コミュニティはつくって終わりではなく、育てていかなければなりません。

それも私一人の力には限界があり、沢山の協力してくれる人達によって成り立っています。

ひだまり不動産のすべての事業に関わってくれている人に感謝の気持ちを忘れず、今日も元気に働きます！　ありがとう！

まとめ

自分がそのステージにいなければ、どんないい物件情報であっても購入には至りません。たとえば、会社設立当初の10年前にこの「RENOWA-YASHIMA」と巡り合えていてもきっと購入してなかったと思います。

いくら頭で考えていても、行動に移さないとそれはやっていないと同じこと。地方では一戸建てが100万円で売りに出されていることも。工夫次第で自宅にすることもできるし、賃貸に出して家賃収入を得ることもできます。

そうやって一つ一つ小さな成功体験を積み重ねることで、大きなプロジェクトにもチャレンジするチャンスが巡ってきます。

そんな物件は突然やってきますので判断力も大切ですね。いつも思うのですが、結婚と良く似てますね。どちらも簡単でもあり難しくもあり。縁が縁を結んで「絶対できない」と思っていたことも可能になるのです。

おわりに

ひだまり不動産を設立して10年目を迎えました。

これまで不動産に関わる様々な取り組みを行ってきましたが、ひとつの転機となったのは、6年前に各部屋にベランダがなく、屋上で洗濯物を干すタイプの賃貸アパートを取得したことです。

この大きなマイナスをなんとかしようと動いたことが、コミュニティを形成するきっかけとなりました。

人の集まる場をつくると、自然に面白い人達が集まってきて、自分だけでは思いもしなかった発想やヒントが集まり、これまた自分だけでは実行に移せなかったかもしれないような大きなプロジェクトに繋がっていきました。

少ない投資額でいくつもの面白いプロジェクトに挑戦できたことは、地方都市だからこそだと思います。

今ではすっかり一般的になりましたが、私がはじめたころ、"物件をリノベーションで再生する"という発想は珍しいものでした。壊して新しくしてしまうのではなくて、古いものに新しい命を吹き込む・・・これは私の大好きな仕事です。

物件再生事業、店舗開業プロデュースどちらも〝完成して終わり〟ではありません。店舗であれば、そのあとどう集客してどう継続していくかということが、人口の少ない地方ではもっとも重要なのです。こうした仕事を通じて、私も多くのことを学びました。そして、これからもがんばる皆さんを応援していけたらと考えています。

タイプの異なる二人の女性デザイナーに出会えたこと、施主とデザイナーの意図を汲み取って形にしてくれる工事会社に出会えたこと、そして、節目節目で本を出させていただくという幸運に恵まれ、心より感謝します。

「不動産屋になんかなったら娘、嫁にいけんで」と言われたこともあったけど、娘達もあっという間に大きくなり、二人とも結婚して新しい人生を歩みはじめました。

高松と鵠沼の2拠点生活もはじまったばかり、人生は楽しい♪　これからも、もっともっと楽しみます。

２０１５年10月

内海芳美

・著者プロフィール

内海 芳美（うちみ よしみ）

香川県生まれ。（株）ひだまり不動産取締役。兼業大家。

結婚時に住んでいた一戸建を賃貸に出したことから、不動産業に開眼。戸建て、アパート、マンション、テナント、ビルなどの購入・売却を繰り返し、現在は約100室、家賃収入は計5000万円に至る。

また、著書出版を機に、テレビや雑誌等に多数出演したことにより、セミナー・講演依頼が殺到。当時希な、女性大家さんとして業界で話題の人となる。

2006年には、株式会社ひだまり不動産を設立。斬新な中古物件のリノベーションを次々に手掛け、女性起業家としても注目される。

2014年には神奈川にも事務所を設立し、全国規模の視野で、今後の不動産ビジネスに先手を打つプロジェクトを複数進行中。

著書に『家賃収入が月収を超える！』（ソフトバンククリエイティブ）、『「ムリなし」不動産で家族しあわせ！』（ごま書房新社）『リノベーション投資のヒミツ』（アスペクト）ほか。

ひだまり不動産HP　www.hidamari.bz
ブログ『リノベなうっちゃん』　http://u-hidamari-2.seesaa.net

これから"おカネ"を生みだす不動産って？

著　者	内海 芳美
発行者	池田 雅行
発行所	株式会社 ごま書房新社 〒101-0031 東京都千代田区東神田1-5-5 マルキビル7F TEL 03-3865-8641（代） FAX 03-3865-8643
カバーデザイン&イラスト	ドリームネットワークアクティビティ
編集協力	布施 ゆき
印刷・製本	精文堂印刷株式会社

ISBN978-4-341-08627-5 C0034

ごま書房新社の本

〜貯金300万円、融資なし、初心者でもできる「毎月20万の副収入」づくり〜

“戸建て大家さん”はじめました！

パート主婦大家“なっちー”こと　舛添 菜穂子　著

大好評4刷！
Amazonベストセラー継続中。
（アパート経営部門）

【ど素人主婦が2年で“戸建て5戸取得、家賃月収30万円達成のノウハウ!】
まったくの初心者だったパート主婦が、勉強からはじめて不安と戦いながら不動産投資で成功していくまでの過程、そのノウハウを詳細に紹介。勉強方法、物件探し、融資の受け方、契約、セルフリフォーム、客付、管理、退去など戸建て投資に必要なノウハウは全て網羅。また、不動産投資つながりで知り合った著名投資家“石原博光”さん、同じく戸建てリフォームで業界随一の“松田淳”さんのノウハウ・初心者へのアドバイスもインタビュー掲載。

本体1450円＋税　四六版　248頁　ISBN978-4-341-08603-9　C0034